無意識層に巣くうモンスターたち

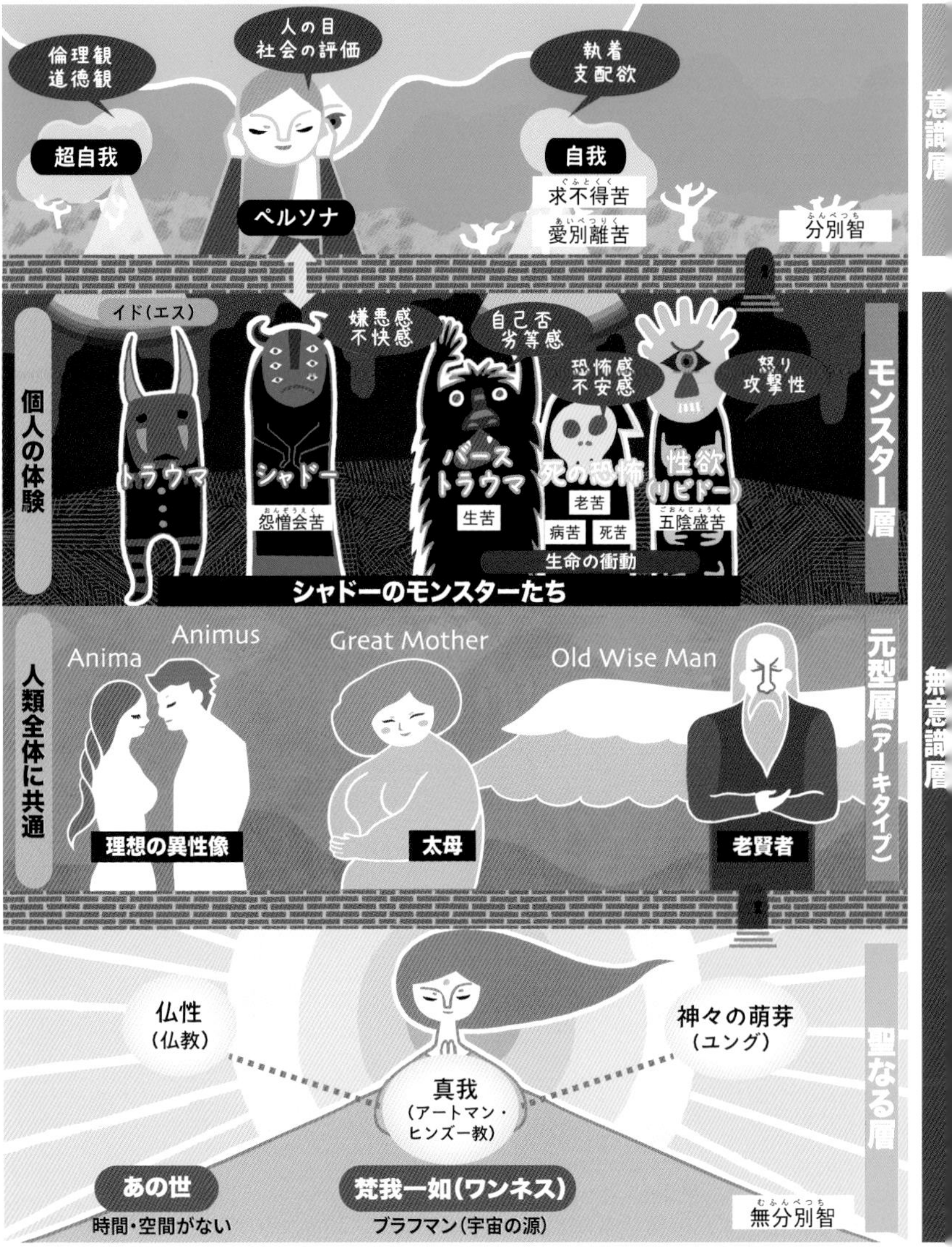

運命のシナリオ

宇宙の流れに乗れば
奇跡が連続する

天外伺朗

明窓出版

まえがき

麻雀やポーカーなどのゲームに入れ込んだ経験がある方は、何となく「ついている」ときと、さっぱり「ついていない」ときとがあることはご存知だと思います。「ついている」ときには強気に、「ついていない」ときには慎重にプレイするのが勝つ秘訣です。

神社でおみくじを引くのも、いまの運勢の状態を知りたいからですね。科学的に、あるいは合理的に考えれば、おみくじに何が出るかはまったくの偶然であり、自分の人生とは何ら関係ないはずです。

でもこの科学万能の時代に、大勢の人が怪しげなおみくじに群がるということは、人の運勢には流れがあり、それがおみくじにも、実際の人生にも同時にあらわれているという暗黙の了解があるからでしょう。つまり、引いたおみくじはたまたまではなく、しっかりと運勢の流れを反映しているはずだ、という認識です。カード占いやタロット占いも同じですね。

古代の政治は、ほとんどが占いで決断が下されました。運勢の流れという概念は、古代は常識であり、科学的合理主義が主流になった現在でも多くの人を惹きつけております。

本書では、その運勢の流れを「宇宙の流れ」と言い換えております。それは、詳しく見ていくと「ついている」、「ついていない」といった単純なレベルではなく、ストーリー性を持った、はるかに複雑な流れがあることに天外が気付いたからです。

つまり、皆さんが感じている「運勢的な流れ」のほかに、「シナリオ的な流れ」があり、そのシナリオに乗れるか乗れないか、ということが本書のテーマになります。

旅行でも仕事でも、なぜかとんとん拍子にうまくいくときがありますね。それは、「宇宙の流れ」にうまく乗れたときです。逆に「宇宙の流れ」に逆らって行動すると、いくら頑張ってもことごとくうまくいきません。

問題は、「宇宙の流れ」は目に見えないことです。だから、そういう流れがあることはほとんど知られておりません。一般には「努力は必ず報われる」といいますが、「宇宙の流れ」に逆らっていくら努力をしても徒労に終わるだけです。

川で激しい流れに逆らって泳いでも一向に進めないのは当たり前ですね。逆に流れに乗っていれば、さしたる努力をしなくても、極端にいえばポッカリ浮いているだけでも、流れがあなたを遠くまで運んでくれます。

こざかしい人間の分際で、どんなに踏ん張っても「宇宙の流れ」にはかないません。

本書では、滔々《とうとう》と流れている宇宙の大河の存在を、まず皆様に知っていただき、いかにしたら、目に見えない流れを感じ、それに乗っていけるようになるかをお伝えいたします。


天外自身は、本名の土井利忠としてソニーに42年間勤務し、CD（コンパクト・ディスク）やAIBO（犬型ロボット）の開発を主導し、科学技術の世界にどっぷりつかって生きてまいりました。しかしながら、本書の内容は科学的な裏付けはなく、どちらかというと「怪しい」部類に入ります。

この怪しさは、天外が2000年にインディアンの長老から「聖なるパイプ」を拝受し、23年間にわたって「祈り人」として活動してきた結果かもしれません（天外『祈りの法則』ナチュラルスピリット、2021年［1］）。

科学と宗教的な怪しい世界との関連に関しては、はるか昔に『ここまで来た「あの世」の科学』(祥伝社、1994年〔2〕)、『宇宙の根っこにつながる生き方』(サンマーク出版、1997年〔3〕)という二冊のベストセラー本を書いております。

本書は、その続編です。

その後約30年で、天外が身体感覚と共に把握した「あの世」のさらなる秘密を明らかにしております。「宇宙のシナリオ」は「あの世」に畳み込まれており、「この世」と「あの世」の関連性を把握していただけないとストーリーが語れません。

「あの世」には時間も空間もないため、畳み込まれた「宇宙のシナリオ」を私たちには読むことができません。ところが、注意深く観察すると、その一部が「この世」に漏れてきていることがわかります。

本書を執筆する動機は、天外が44年前にCD(コンパクト・ディスク)を開発したとき、相当しっかりした「宇宙のシナリオ」が存在しており、開発がスタートする10年以上も前から、本人も知らぬ間に着々と準備が進んでいたことを発見したことが契機になっております。

はるか後になって振り返り、その「宇宙のシナリオ」が読めたときには、背筋に雷が落ちたような衝撃が走りました。

その驚きとともに、本書を皆様にお届けします。

天外は、２００５年から経営者のための「天外塾」というセミナーを開いて様々な瞑想ワークを工夫してまいりましたが、そのすべてが「宇宙の流れに乗る」ためのトレーニングになっていることにも気づきました。その18年に及ぶ経験から、何が「宇宙の流れ」に乗るのを妨げているのかもわかりました。

いまの社会で、最大の美徳とされている「努力、頑張り、向上意欲」などが、じつは「宇宙の流れに乗る」妨げになっています。「目標を作って懸命に努力する」という生き方をしている人は、中々「宇宙の流れ」には乗れません。

つまり、いまの社会の常識で普通に生きていると「宇宙の流れに乗る人生」にはならないのです。では、どうすればいいかというと「あけわたし」というのがキーワードになります。目標を作ったり、努力したりせずに、「なるようになれっ！」とほっぽりだしてしまうことです。

そんな生き方をしていたら、「無責任だ！」とお叱りを受け、いまの世の中非難の嵐にさらされるでしょう。でも、よく調べてみると、浄土真宗、浄土宗の「他力の教え」というのが、ほぼ同じ方向性であることに気付きました。「他力の教え」では阿弥陀如来に「あけわたす」のですが、「南無阿弥陀仏」と称えているうちに「悟り」を開いた人を妙好人と呼んでいます。

妙好人は、おそらく「宇宙の流れに乗る生き方」ができていると思います。

浄土真宗、浄土宗の信徒はたくさんおられますが、妙好人はほんの少数しか生まれません。どうやら、強烈な信仰心が必要なようです。

本書は、強烈に信仰心がなくても、妙好人と同じような境地に皆様をお誘いする、という大それた希望を込めました。

あなたの人生が、より充実し、スムースになるお手伝いができることを嬉しく思います。

運命のシナリオ　宇宙の流れに乗れば奇跡が連続する

1 共時性を提唱したユングの結論
——「易占いは未来まで予測できる」

「易占い」というのをご存じですね。「当たるも八卦」などといわれており、いい加減なもの、怪しいものの代名詞のように思われております。

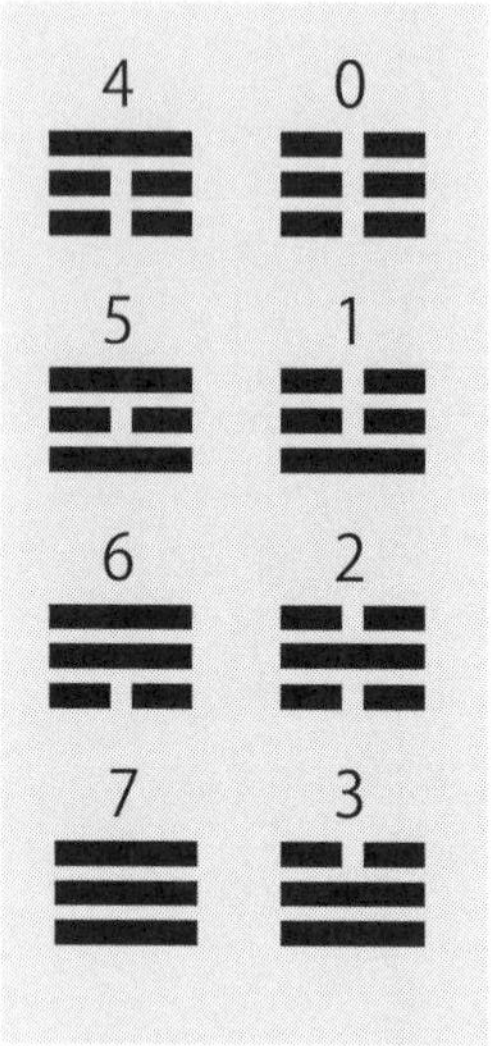

「八卦」というのは、陽「⚊」と陰「⚋」を三つ組み合わせて八つの状態を表しております。二進法でいう3ビットですね。

大相撲の「はっけよーい」という掛け声も、ここからきています。

この八卦を二つ組み合わせると、合計6ビットになり64の状態を表します。「易占い」というのは、この64の運勢の状態（卦）のうち、あなたはいまどこにいるか、ということを占うわけです。筮竹《ぜいちく》は50本あり、それを1本だけ抜いて、残りをまず二つに分け、複雑な手順で卦を決めます。

この「易占い」も、まえがきで述べたおみくじと同じ範疇に入りますね。ただ、おみくじでは「大吉」から「凶」にいたる運勢の「いい・悪い」を数段階に分けているだけなのに対して、「易占い」では64の状態それぞれに深い意味を持たせており、いま起きている現象と照らし合わせて易者がそれを読み解きます。その読み解きには直感が必要であり、易者の力量が問われます。

		天	☰	澤	☱	火	☲	雷	☳	風	☴	水	☵	山	☶	地	☷
天	☰	䷀	乾	䷉	履	䷌	同人	䷘	無妄	䷫	姤	䷅	訟	䷠	退	䷋	否
澤	☱	䷪	夬	䷹	兌	䷰	革	䷐	隨	䷛	大過	䷮	困	䷞	咸	䷬	萃
火	☲	䷍	大有	䷥	睽	䷝	離	䷔	噬嗑	䷱	鼎	䷿	未濟	䷷	旅	䷢	晉
雷	☳	䷡	大壮	䷵	歸妹	䷶	豊	䷲	震	䷟	恒	䷧	解	䷽	小過	䷏	豫
風	☴	䷈	小畜	䷼	中孚	䷤	家人	䷩	益	䷸	巽	䷺	渙	䷴	漸	䷓	觀
水	☵	䷄	需	䷻	節	䷾	既濟	䷂	屯	䷯	井	䷜	坎	䷦	蹇	䷇	比
山	☶	䷙	大畜	䷨	損	䷕	賁	䷚	頤	䷑	蠱	䷃	蒙	䷳	艮	䷖	剝
地	☷	䷊	泰	䷒	臨	䷣	明夷	䷗	復	䷭	升	䷆	師	䷎	謙	䷁	坤

その背景には、「運勢の流れ」の存在が仮定されており、それが、それぞれに深い意味を持った64種類に分類される、ということです。

この64の状態には、「いい・悪い」という区別はありません。このあたりが単なるおみくじと大きく違うところです。「いい・悪い」というのは、私たちがレッテルを張っているだけであり、本来の運勢には「いい」も「悪い」もない、というのが『易経』の教えです。

ここでいう「運勢の流れ」は、あくまでも状況設定のみであり、本書で述べようとしている「シナリオ的な流れ」は含んでおりません（易者が読み解くことはできます）。

つまり、本書で詳しくご説明しようとしている「宇宙の流れ」は動的な流れなのに対

二進法：0・1の二つの数字を用い、二ずつをまとめて上の位に上げていく表わし方

ライプニッツ

して、「易占い」で定義されている「運勢の流れ」は、とても深いのですが静的です（「変爻《へんこう》」といって、六ビットのうち特定の一ビットの陰陽を反転させ、次に移り変わる状態は推定します）。

「易占い」のベースを記述しているのは、『易経』という書物ですが、その分厚さが、この64の状態というのが、いかに深い内容なのかを物語っています。

『易経』は、儒教の根本経典「四書五経」のひとつであり、単なる占いの方法論ではなく、天地自然の法則、あるいは処世の智慧を説いている、といわれております。さらに深く、宇宙の根本原理を象徴的に記述している可能性もあります。また、「あの世」と「この世」の関係性を解き明かすヒントにもなっております。

以下、その可能性に関して筆を進めてまいりましょう。

　この易の表現が、二進法というとても優れたシステムであることは、ドイツの哲学者、数学者、G・W・ライプニッツ（1646〜1716）が発見し大感激し、当時の清の皇帝にわざわざ連絡したという逸話が残っております。いま、コンピュータはすべて二進法で動いております。

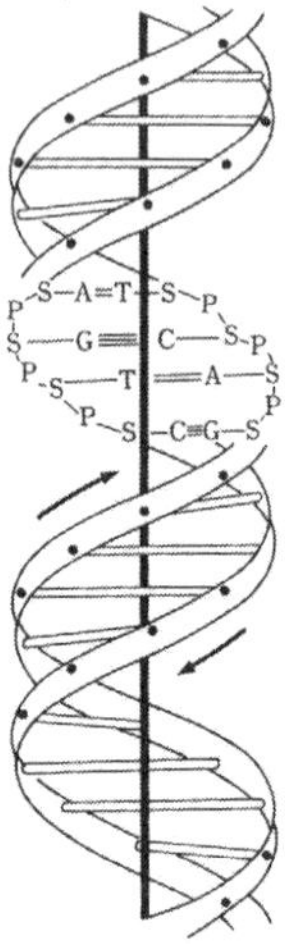
DNA 2重螺旋

　また、易のシステムが生物のDNAと同じであることもよく知られています。易が3ビットワードの2ワード構成なのに対して、DNAは2ビットワードの3ワード構成です。両方とも合計6ビットです。生物の設計図も二進法で構成されているのです。
　量子力学を開拓したひとり、デンマークの理論物理学者N・ボーア（1885〜1962）はノーベル物理学賞を受賞しておりますが、素粒子の奇妙なふるまいを読み解くヒントとして、晩年は『易経』の研究に没頭しました。
　彼がナイトの称号を授与されたとき、紋章の図柄に『易経』の陰陽のシンボルである「太極図」を選んだのは有名な話です。彼の墓所には、いまでもそれが飾られています。

ボーアの紋章

太極図

ボーアの紋章と太極図『ここまで来た「あの世」の科学・改訂版』より

場末の暗い街灯の下で、ひげを生やしたうらぶれた易者がジャラジャラと筮竹を扱っている怪しげな「易占い」のイメージと、超一流の物理学者が「量子力学」の謎を解こうとして必死に『易経』に取り組んでいる姿はだいぶ格差がありますね。

深層心理学を開拓した立役者の一人、スイスの心理学者C・G・ユング（１８７５～１９６１）も、『易経』に大きな影響を受けた一人です。中国のチンタオにキリスト教の宣教師として送られたR・R・ヴィルヘルム（１８７３～１９３０）は、中国文化にすっかり魅了され、『易経』を英語に翻訳しました。ユングがその本の前文を書いておりますが、それに先立ち二人で一年にわたって「易占い」の実験をしております。ユングの結論は、「易占いは当たる」しかも「未来のことまで予測できる」でした。

これがひとつのきっかけとなって、ユングは「共時性（シンクロニシティ）」という概念を提唱しました。ほとんどの方にとって「共時性」はおなじみとは思いますが、一応正式な定義を掲げておきましょう。

共時性＝同じ意味を持つ、二つあるいはそれ以上の、因果的に無関係な出来事の同時生起。

「易占い」でいえば、易者が立てた卦と、実際に起きる出来事の間には何ら因果的な関係性がないのですが、その卦がいまの運勢の状態を表している、という意味を持っております。

よく皆さんが経験しておられる共時性として、何年も会っていない友人の噂をしていたら、たまたまその人から電話がかかってきた、などの例があります。とてもありえないような偶然の一致が起きると、「あ、共時性だ」という声が聞こえてくるのは、いまでは普通の光景ですね。

私が一番印象に残っているのは、本（天外『運命の法則』飛鳥新社、2004年〔4〕）に書きましたが、サンフランシスコ国際空港でソニーの創業者の井深大氏のビジョンが見えたときです。目を開けて歩いているときにビジョンが見えたのは初めてだったのでいぶかしく思いました。

そうしたら、成田空港に着いたら、出迎えのハイヤーの運転手から封筒を渡され、ビジョンが見えた8分後に井深さんが逝去されていたことを知りました。

これはかなり劇的な極端な例ですが、皆さんの日常生活の中でよく観察すれば、相当頻繁に「共時性」は起きています。ただほとんどの場合些細な出来事で、偶然だとして見過ごされているだけです。

ユングは、「共時性」が起きるのは、いま私たちが生活している目に見える物質的な世界の背後に、もうひとつ、「目に見えない秩序」が隠れているのではないか、と考えました。

その目に見えない秩序で起きていることが、例えば卦と三次元的な世界で起きる出来事の両方に影響している、という仮説です。前述の運勢の流れ、というのとほぼ同じ想定ですね。この概念が本書全体を通じてのひとつのキーになります。

天外はそれを「この世」、「あの世」と呼んで、ひとつの仮説的な宇宙モデルを提唱したのですが、それについては3章で触れましょう。

ユングが「易占い」が未来のことまで予測できる、といっていることは、過去、現在、未来というように順番に時間が流れている「この世」とは全く違う時間の概念が「あの世」にはある、ということを示唆しております。これに関しても3章で解説します。

ユングが、「共時性」という概念に気付いてから、外部にオープンに発表するまでに約50年の歳月が流れました。お堅い学問の世界では、とても受け入れられるような話ではない、と思ったのでしょう。ノーベル賞物理学者、W・パウリとの共著書『自然現象と心の構造』（海鳴社、１９７６年、原著は１９５２年）で思い切って語られております。

パウリは母親が自殺し、結婚した酒場の女との関係が最悪で精神を病み、ユングの治療を受けました。その治療録は本になっていますが、邦訳はありません。

ちょうどこの頃量子力学が勃興し、素粒子の世界では因果律が成立しないことが発見されました。いままでの科学は因果律をベースに発展してきたのですが、それを覆すべく、

「共時律（共時性の法則）」をベースにした新しい科学を樹立すべきだ、とユングとパウリは考えました。

それから約１００年が経過しましたが、まだそのような科学は誕生しておりません。

「共時性」という概念は、ユングが満を持して提案したにもかかわらず、欧米の学問の世界では必ずしも受け入れられませんでした。ところが、日本を始めとする東洋では比較的抵抗なく浸透しました。ユングは次のようにいっております。

「共時性は東洋の偏見であり、因果性は近代西洋の偏見である」（ユング）

さてここで、ちょっと脱線して脇道にそれることをお許しください。じつはパウリが近づくと実験装置が壊れるという現象が頻繁に起き、「パウリ効果」と呼ばれて、物理学者の間ではよく知られております。検索すれば、面白いエピソードが山のように拾えます。

特定の人が近づくと機械が壊れる、などという現象は、まったく科学的な説明ができませんが、それを最先端の物理学者たちが面白がっている様子がうかがえます。

じつは、この現象は天外塾では極めて頻繁に起きています。意識の大きな変容を伴うワーク、特に怒りの解消を含む場合など、家中の電気製品が次々に壊れることが多いです。冷蔵庫、洗濯機、エアコン、テレビ、ビデオ、パソコン、スマホに至るまで、ひとわたり壊れると変容が進みます。やはり、いまの科学では説明不可能な意識と外界との相互作用があるようです。

自分が死ぬまでは出版するなと厳命されていた『ユング自伝』(みすず書房、1972年、原著は1962年〔5〕) は通常の自伝とは異なり、何が起きたかという記述はほとんどなく、ユングの内的世界の体験について書かれています。その中で、彼が体験した超常現象が赤裸々に語られています。「共時性」という概念は、彼のこのような神秘的な体験の上に提唱されたことがよくわかります。

「共時性」というのは、もちろん科学では説明できません。本書で、これから述べようとしている「宇宙の流れ」というのも、科学ではありません。

宇宙は神秘に満ちております。本書の読者にガチガチの科学万能主義者、合理主義者はいないと思いますが、これから科学を出発点とする「怪しい話」を語りますので、お楽しみいただけたら幸いです。

2 「シナリオ的な運勢の流れ」は「集合的無意識」に畳み込まれている

ユングは「共時性」のほかに「集合的無意識（collective unconsciousness）」という概念の提唱もしております。

「無意識（unconsciousness）」というのは、オーストリアの心理学者、S・フロイト（1856～1939）が発見しました。私たちが表面的な意識レベルでは気付くことができない深層意識レベルのダイナミックな心理の動きをいいます。一般には潜在意識ともいわれております。この発見から深層心理学という学問がスタートしました。

ユングは、その「無意識」が全人類つながっている、という仮説を提唱し、それを「集合的無意識」と名付けました。この概念が「共時性」の説明に使った「目に見えないもうひとつの秩序」に重なります。後から3章で詳しくご説明しますが、私はこれをあっさり「あの世」と呼んでいます。

いろいろごちゃごちゃと心理学用語が出てきて混乱されたかもしれませんが、「あの世」のことを説明していると思えば、少し納得しやすいかもしれません。

「集合的無意識」というのは、かなり思い切った提案ですね。一般常識、合理的な発想では、人間は一人ひとり違う存在であり、分離して独立していると考えられております。

ユングは、「そうじゃないよっ!」といっているのです。

人類全体がつながっている、そのつながり方は、身体レベルではもちろんなく、意識レベルでもなく、「無意識」というレベルだ、という仮説です。

「無意識」というのは、自分からは見えないのでそういう名前がついています。だから、そのレベルでつながっていたとしても、私たちにはわかりません。「つながっていますよ」といわれても、自分ではわからないし、検証のしようもないのです。

この章では、このわけのわからない、ユングの「集合的無意識」の仮説が「あの世」

という概念のベースになっている、というお話をします。

その前に、フロイトの発見した「無意識」について、もう少し基本から見ていきましょう。

本書冒頭の口絵をご覧いただきながらお読みいただきたいと思います。この絵は、一見けたたましいですが、古典的な深層心理学そのものであり、けれんみはありません。ただし、モンスターという呼び方と無意識層をモンスター層、元型層、聖なる層に分けたのは、わかりやすく説明するための天外の工夫であり、深層心理学の表現そのものではありません。

人間は、あってはならない、耐え難い、あるいは自分のものとは認めがたい衝動、欲求、情動、願望、体験などを抑圧して、あたかもなかったかのように振舞います。それらは、表面的には消えたように見え、本人には自覚されなくなりますが、まったくなくなるわけではなく、心の奥底に押し込められ、かえって巨大化します。フロイトはそれを「無意識」レベルに抑圧した、と表現したのです。

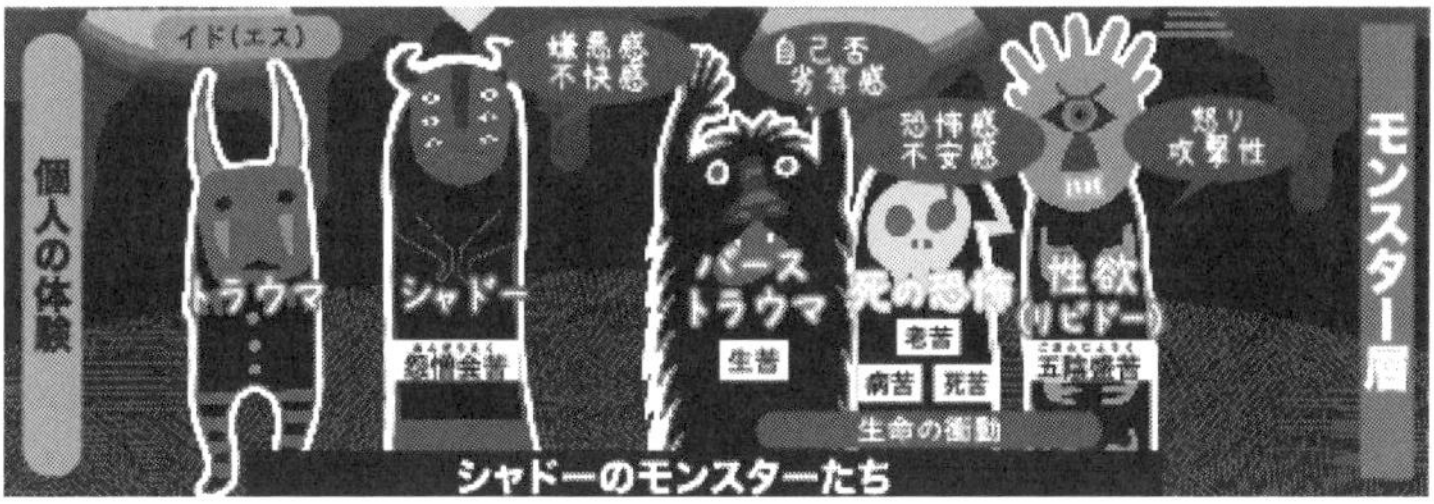

抑圧されたものを、ユングは「シャドー（影）」と名付けました。この命名には、目には見えないけれど、様々な影響を及ぼしているという意味が含まれています。抑圧すると巨大化するのが知られており、天外はそれを強調して「シャドーのモンスター」と呼んでいます。

考えるだけでおぞましいですが、人間というのは、このような「シャドーのモンスター」を何百匹も心の奥底に飼っている存在なのです。

この抑圧された情動や欲求が出口を求めて爆発すると、一見不合理な行動を呼び、精神病理的な症状につながります。心理学は主として精神病理を対象に発展してきたので、このメカニズムをしっかりと探求してきました。

しかしながら、健常と見なされている人でも、「シャドーのモンスター」から突き上げてくる「怖れ」や「不安」などの衝動に支

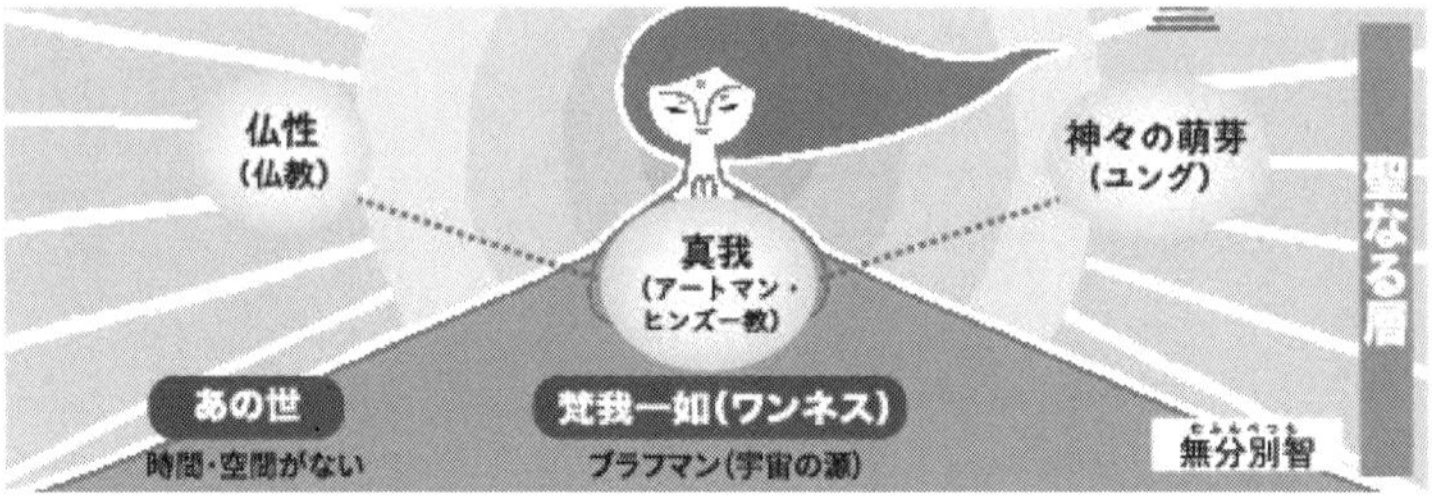

配されて生きています。それは、かつて抑圧が発生したときに受けた「痛み」を、二度と受けないようにという、いわば警戒警報です。警戒警報が出ても日常の生活には差支えがないために、心理学ではあまり問題にされませんでした。

ところが、その警戒警報が災いして「宇宙の流れ」に乗れなくなってしまう、というのが本書の取り上げる課題です。

（これに関してはこの後の章で順番にご説明いたします）

フロイトは「無意識」は、抑圧された性欲など動物的な衝動の貯蔵庫であり、その衝動を理性でコントロールすることにより人間はまともな社会生活が営める、と説きました。「無意識」を限りなくネガティブな存在ととらえたのです。

それに対してユングは、精神を病んだ患者を観察した結果、誰しもが、そのさらに奥に「神々の萌芽」と呼べるような聖なる存在が眠っていることを発見しました。天外は、この「神々の萌芽」を際立たせるために、無意識層を「モンスター層」と「聖なる層」に分けました。

この「神々の萌芽」は、ヒンズー教でいう「真我（アートマン）」とほとんど同じ概念だと私は解釈しております。大雑把には、私たちが「魂」と呼んでいる概念とも重なります。

以前は、私たちが肉体を持ったがために生じた、抑圧される以前の健全な性欲、食欲などを含めて定義していたのですが、かえって煩雑で分かりにくいので、思い切って「真我」と呼ぶことにしました。

仏教では「我」の存在を認めていないので、その性質だけを取り上げて「仏性（仏になる種子）」と呼んでいます。心理学がどんどん宗教的な領域に入り込んできた感がありますね。

「シャドーのモンスター」だけを取り上げると、限りなくネガティブな印象がありますが、その奥底にはこのような聖なる存在が眠っているようです。

私たちの日常的な行動は、意志と理性によって合理的に、自主的に判断していると思っていますが、「そうではない！」というのが深層心理学の教えです。

私たちは、「無意識」に潜む「シャドーのモンスター」からふつふつと湧き上がってくる様々な衝動の影響を受けている、というのです。ある意味では、「シャドーのモンスター」に操られている、あるいは支配されているといってもいいでしょう。

あなた自身があなたの主人ではなく、じつは限りなくネガティブな「シャドーのモンスター」というご主人にお仕えする奴隷にすぎない、という空恐ろしい結論が得られます。

もちろん、すべてがネガティブなのではなく、聖なる「真我」からの影響もあります。人間というのは、そのネガティブとポジティブ間で揺れ動く不安定な生き物なのです。


さて、このような「無意識」が全人類つながっているというのが、ユングが提唱した「集合的無意識」です。「無意識」の中の「シャドーのモンスター」と「真我」という二つの存在についてお話ししました。

その「真我」の方は、元々のヒンズー教の教義が宇宙全体（ブラフマン）につながっていると説いています。全人類につながるどころか、宇宙的な広がりがあるのです。

宇宙の根本原理ブラフマンを漢字で「梵」と書きますが、「真我」と「梵」が一体であることを「梵我一如」といいます。仏教で「我」を否定しているのは、「梵我一如」なので「真我」というのは仮の姿にすぎない、という意味であり、ヒンズー教の教義と違うわけではありません。

自分という存在が、宇宙と一体である、というのは読者の皆さんにとってちょっと飲み込みにくい話だと思いますが、これがヒンズー教でも仏教でも中心的な教義です。これをわかりやすく説こうとすると、膨大なページ数を要するので、ここでは省略します。ご興味ある方は、ヒンズー教や仏教の書物をご参照ください。

つまり、「無意識」の一部である「真我」に関しては、すでに宗教が宇宙的な広がりを持っていることを説いてきたのです。スピリチュアルの世界では、これを「ワンネス（すべてはひとつ）」と表現しています。

フロイトの説いた「個人的無意識」は、個人の体験から出発しております。もちろん、たとえば性欲というのは人類共通ですが、やたらに発揮すると社会的倫理観に反するので、個人的に抑圧してモンスター化しています。その他のモンスターたちも、耐え難い、

あってはならないなどの個人的な理由により抑圧され、あるいは忘れられて表面的な意識レベルから追い出されたものです。

それに対して「真我」というのは、すべての人類に共通して元々備わっており、個人の体験とは無関係です。

それと同じように、ユングはすべての人類に共通して存在するイメージパターン「元型（アーキタイプ）」を発見しています。これは、冒頭の口絵では「元型層」として表現しております（注：いままでお伝えしてきたモンスター図に、今回はこの「元型層」が追加されています）。

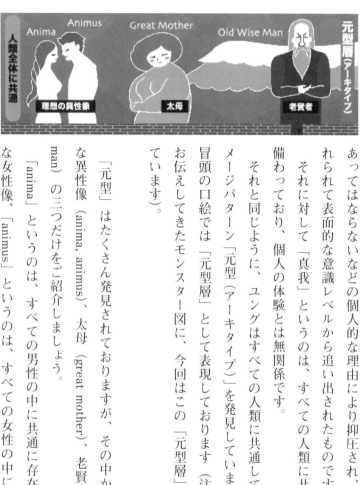

「元型」はたくさん発見されておりますが、その中から、理想的な異性像（anima, animus）、太母（great mother）、老賢者（old wise man）の三つだけをご紹介しましょう。

「anima」というのは、すべての男性の中に共通に存在する理想的な女性像、「animus」というのは、すべての女性の中に共通に存在する理想の男性像をいいます。

「anima」は、慈愛、包容、神秘性といった、一般に女性的とみなされている特性を象徴します。すべての男性は、「anima」を無意識レベルに持っているけれど、普段は抑圧されて発揮されていません。

同じように「animus」は、たくましさ、力強さ、論理的、裁断的などの特性を象徴しており、ほとんどの女性は抑圧しており、表には出していません。


ユングは意識の成長のたとえとして、「シャドー」との出会いは見習工による「習作」、「anima, animus」との出会いは名工による「傑作」だ、と述べております。

道教系の気功法では、修行の到達点のひとつとして、男性性と女性性の両方が発揮できることをあげており、「両性具備」と称しております。おそらく、ユングのいっていることに近いのでしょう。


「anima, animus」というのは、本来は内側に存在するものですが、外側に存在する異性に投影することが頻繁に起きます。相手が理想的な異性だと錯覚する、ということです。

恋愛で燃え上がっているときには、ほとんどの場合、生身の人間ではなく自ら投影した「anima, animus」に夢中になっているのです。だから恋愛が実って、一緒に暮らし始めると、生身の人間であることがわかってしまい、「こんな人とは思わなかった」と幻滅を感じることがよく起きます。

理想的な異性などは、どこをどう探してもおらず、目の前にいる人は欠点だらけのどろどろした生身の人間なのです。

私の著作のいくつか（天外『実存的変容』、天外『人類の目覚めへのガイドブック』以上内外出版、並木良和、天外『分離から統合へ』ナチュラルスピリット）で紹介しましたが、エリック・クラプトンとジョージ・ハリソンの妻パティとの恋愛が、まさに投影と幻滅のストーリーです。

クラプトンとハリソンの家はすぐ近くで、留守がちなジョージの隙をついてクラプトンはパティと関係を持ちました、それに気づいたジョージがパティに、「お前どうするんだ。クラプトンのとこに行くのか、それとも俺んとこに戻るか？」と聞くと、パティは「あんたのとこに戻る」と、クラプトンから離れました。

クラプトンはパティのために製作したアルバムを聞かせたのだが……

クラプトンは狂ったように曲作りに励み、パティのためにアルバムを一枚まとめました。その中には「レイラ」など有名な曲も入っています。パティを呼んでこのアルバムを聴かせるのですが、パティの心は戻らず、「うざい」とかいって帰ってしまいます。

「12小節の人生」というクラプトンのドキュメンタリー映画では、そのあとのクラプトンの姿が映っていますが、見る影もなくやつれ、精神的ショックが大きかったことがわかります。

その後、ジョージと仲違いしたパティがクラプトンのところに転がり込んできます。クラプトンにしてみれば、長年の夢がようやくかなったことになりますが、この結婚はあっという間に破綻してしまいます。クラプトンの恋の対象は、パティではなく、自らが投影した「anima」だったのです。

いま、多くの小説や歌の題材になっている燃えるような甘くせつない恋は、そういうととても無粋になり、恐縮ですが、ほとんどが「anima, animus」の投影です。

さて、つぎの「great mother」ですが、これは文字通り母親のイメージです。出産と育児に象徴され、包容と慈愛に満ちた母親像。すべての生命を生み出す母なる大地（mother earth）といったポジティブな側面と、すべてを飲み込んで死に至らしめる鬼子母神的なネガティブな側面の両方を含んでいます。つまり、生と死の両方の象徴なのです。

ネガティブな側面は、子どもを再び自分の子宮の中に戻したい、という潜在的な欲求に基づくとされています。もちろんそれはかなわないのですが、子どもを自分の影響下に置いて支配したいという欲求にすり替わり、子どもの精神的な独立を妨げることで知られています。

ユングは、各国の神話が人の意識の成長をシンボル的に表現していると、とらえましたが、英雄が旅に出てドラゴンを殺す、というストーリーは母親の支配を断ち切って独立した自我を獲得する戦いを象徴している、と説いています。この場合のドラゴンは、ネガティブな「great mother」の象徴です。

天外塾では、親子の葛藤を解消するワークのひとつに「親殺しの瞑想」という物騒なタイトルのワークを入れておりますが、このタイトルはユングの学説からいただきました。実際に親を殺す、というイメージは使わず、サイコセラピーの手法とインディアンの長老の祈りのノウハウを組み合わせています。

親子の葛藤はあらゆる人にあり、人生の様々な苦しみの根本要因になっているといわれており、このワークはとても効果的です。

次の「老賢者」に行きましょう。日本語だと性別はないですが、原語の「old wise man」というと明らかに男性です。

ある意味では、ユングは女性の「great mother」と対比するような形で、男性の「old wise man」を提案しているようにも見えます。理知的で智慧にあふれた存在ですが、魂

ユングの「フィレモン」

の導き手としての卓越した教師像、魔術的な師というイメージも伴っております。

ユング自身は、夢やイメージに現れるこの世の存在ではない「フィレモン」と呼ぶ老人を師に仰いでおりました。おそらくこれが「old wise man」のもとになっていると推察されます。

「フィレモン」は、牛のような角をはやし、カワセミのような翼をもった異教徒で、エジプト・ヘレニズム的な雰囲気を持っていた、と『ユング自伝』に書いてあります。

ユングは「フィレモン」から様々な教えを受けており、それがユング心理学の中にも反映されております。「この世」にはいない異界の存在を、師と仰いでいたユングの怪しさにご注目ください。

天外がソニー時代に一緒に働いていたエンジニアでも、技術的な難問があると夢の中で賢者に質問し、必ず有効な答えが得られた、というケースもあります。「old wise man」という元型と仲良くなると、いろいろと便利なようです。

ただし天外は、「old wise man」という元型を男性に限ってしまったことには疑問を感じております。「old wise man」とは呼ばずに、「old wise person」、あるいは「長老（elder）」と呼んで性別をなくした方が元型としては幅が広がるような気がします。

天外自身も、「聖なるパイプ」を拝受しており、インディアン社会では長老のひとりですが、長老は男女を問いません。賢者を男性に限ってしまったのは、20世紀初頭のヨーロッパの文化を象徴しているのではないでしょうか。

「old wise man」には、「great mother」のようなネガティブな要素はありません。しかしながら、これを投影すると様々な問題を生じます。

他人に投影すると、聖人を崇拝するようになります。新興宗教の信者の多くは教祖に「old wise man」を投影していると思います。全財産を教団に貢いだ、などという事件の裏には、必ずそういう投影があります。

「old wise man」を自分に投影し、自分はすごいレベルに達した、悟りを開いた、などと錯覚すると、ちょっと危険になります。ユングは、その状態を「魂のインフレーション」

と呼び、統合失調症になる危険性が増す、と警告しております。新興宗教の教祖のほとんどは、このパターンでしょう。

先に「anima, animus」を恋人に投影する話をしましたが、「great mother」、「old wise man」も頻繁に恋人に投影されます。

母親との関係性に問題がある男は、ほとんどの場合恋人に理想の母親像としての「great mother」を投影しますし、父親との関係が悪い女性は理想の父親像として「old wise man」を恋人に投影します。両方ともまず、うまくいきません。

びっくりするくらい年の離れた恋人がいる女性が結構多いのですが、「old wise man」の投影が起きている可能性が高いと思います。

さて、「anima, animus」、「great mother」、「old wise man」と三つの元型と、その投影についてご説明いたしました。元型はこのほかにもたくさんありますが、説明を省略します。元型自体は、無意識の住人のため誰にも見えず、存在はわかりません。投影されたときに初めて存在がわかります。類型的な投影が観察されたので、人類全体の無意識の底に、このような元型が潜んでいるに違いない、とユングが推定したのでしょう。

さて、ユングが提唱した「集合的無意識」の学術的な定義を掲げておきましょう。

「集合的無意識」（Wikipedia）

言語連想試験の研究によってコンプレックスの概念を見出したユングは、個人のコンプレックスより更に深い無意識の領域に、個人を越えた、集団や民族、人類の心に普遍的に存在すると考えられる先天的な元型の作用力動を見出した。

元型の作用と、その結果として個人の夢や空想に現れうる種の典型的なイメージは、様々な時代や民族の神話にも共通して存在し、このため、元型や元型が存在すると仮定される領域は、民族や人類に共通する古態的（アルカイク）な無意識と考えられ、この故に、ユングはこの無意識領域を「集合的無意識」と名づけた。

口絵のモンスター図では、無意識層の「モンスター層」と「聖なる層」の間に「元型層」を置きました。ユングは、シャドーも「元型」に含めています。つまり、「元型」は、シャドーの上位概念なのです。そうすると、このモンスター図とはちょっと違ってきますが、もっぱら個人の経験を出発点とする「シャドーのモンスター」と、人類全体に元々備わっている「元型」を区別するため、あえて別々の層として書きました。この図の「元型層」は、ユングの定義する「元型」のごく一部だけを表現していることをご理解ください。

さて、ここまでは学問の世界で認められている深層心理学そのものの説明です。「モンスター」とか「聖なる層」とか、天外が勝手に付け加えた用語はありますが、フロイト、ユングの学説そのものであり、何のけれんみもありません。

古典的な深層心理学が、すでに、皆さんが普通に考えている、「自分は理性的に、合理的に物事を判断している」、あるいは「人生は自由意思で自分が決めたとおりに進行する」という常識から離れていることにご注目ください。

皆さんの無意識レベルには、「シャドーのモンスター」とか、「元型」とか、「真我」とか、自分からは見えない訳のわからない生き物がウジャウジャ生息しており、皆さんはそれを外側の人物に投影したり、それに支配されたりして、不本意な出来事を造り出し、それに翻弄されて生きているということをご理解いただけたら幸いです。
それが、この後の章でご説明する「宇宙のシナリオ」という概念のベースになります。

ユングが、人類共通の「元型」を発見し、「集合的無意識」を提唱したことと、前章の「共時性」の説明で使った「目に見えないもうひとつの秩序」の間には、まだちょっと距離があるように感じられたかもしれません。人類全体に共通な「元型」が誰の無意識の中にも潜んでいる、というのは確かにひとつの秩序ですが、だからといって、いま、64卦のどれかにあなたの無意識が属しており、それが卦と現実世界の両方に反映していると、いきなり説くのはちょっと無理筋です。

本書では、次のように解釈します。まず、「集合的無意識」というのは、あらゆる人の無意識の中に人類全体の共通部分があるという枠組みが提案されたと認識します。ここまではユングの提案そのままですから、だれも異論はないでしょう。
次に、学問としての深層心理学からはちょっと離れますが、「集合的無意識」に「梵我一如」を重ね合わせます。そうすると、「集合的無意識」が、ユングの定義より拡張され、スピリチュアル系でいう「ワンネス」の概念と重なります。それを、あっさり「あの世」と呼んでしまえば、「この世」と「あの世」を両方含んで一つの宇宙が成立しており、その両者は密接につながっている、というイメージが成立するでしょう。

もちろん、断定できるような話ではなく、そう解釈するといろいろなことが明快に説明できるようになる、という天外の提案です。

64卦というのは、それとはまったく別の仮説であり、この宇宙の運勢の動きが64に分類できるということです。これは検証のしようがなく、「はい、はい、そうですか」というよりほかはありません。それを認めてしまえば、64卦が「あの世」と「この世」の両方に反映している、という話が成立するでしょう。

なお、本書では64卦そのものに関しては記述しません。むしろ、「シナリオ的な運勢の流れ」に重点を置きます。その「シナリオ的な運勢の流れ」が、この「集合的無意識」に畳み込まれている、というのが本書の要旨であり、これから順番に少しずつご説明いたしましょう。

3 「あの世の常識」は「この世の非常識」

前章で、いきなり「集合的無意識」＝「あの世」と断定してしまったので戸惑われた方も多かったと思います。

これは常識的な「あの世」とはかなり違います。一般には「あの世」＝「霊界」と思われていますが、本書では、「霊界」というのは「あの世」の表面にこびりついたかさぶたのようなものだと解釈しています。

あなたは、「あの世」というと、死んでから行くところ、幽霊がうようよいるところと思っていませんか？　死ぬと「よっこらしょ！」と、「この世」から「あの世」に引っ越しするイメージです。

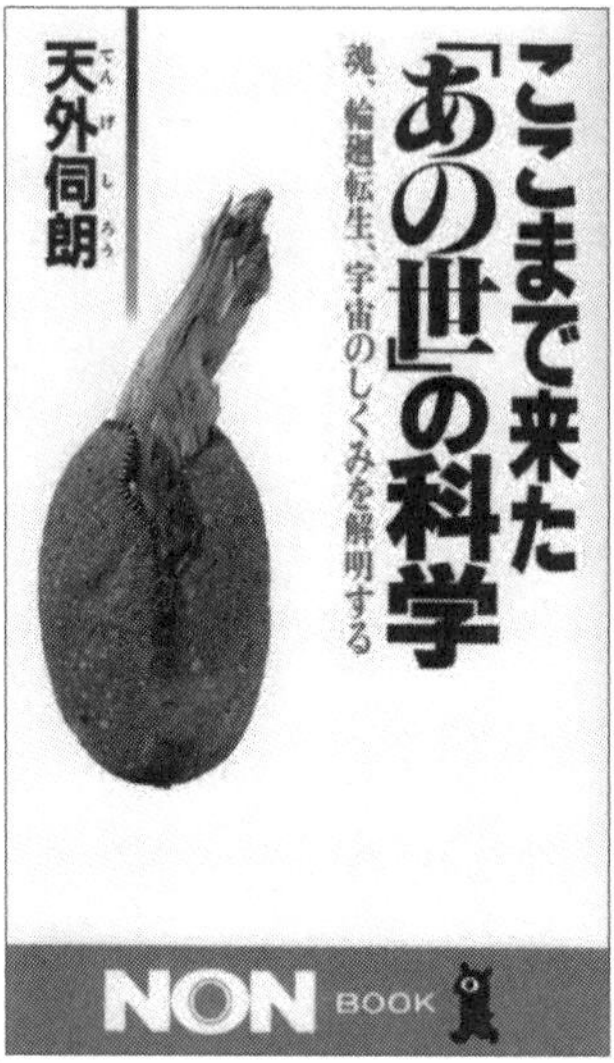

『ここまで来た「あの世」の科学』（祥伝社、１９９４年）

ところが、「あの世」＝「集合的無意識」だとすると、そうではなくなります。あなたは、生きているいまの瞬間も「あの世」に存在していることを意味します。ただ、「無意識」なので自分ではそれがわかりません。

死ぬと、「この世」にはいられなくなるので、「あの世」だけになってしまうのですね。決して、「よっこらしょ！」と「あの世」に引っ越すわけではないのです。

さて、もうはるかに昔になりますが、天外は『ここまで来た「あの世」の科学』（祥伝社、１９９４［2］）という本を上梓しております。

本書は、その続編という意味もあるのですが、その本では前章の、「あの世」＝「集合的無意識」ということのほかに、「あの世」＝「暗在系（implicate order）」という話も書きました。それを、もう少し噛み砕いてお話ししましょう。

D・ボーム

「暗在系」というのは、物理学者のD・ボーム（1917～1992）が、不可解な量子力学のふるまいを説明しようとして提唱した概念であり、学問の世界では受け入れられなかったため科学的仮説とはいえず、最近天外は「科学的ロマン」と呼ぶことにしています。

かといって、D・ボームが怪しい人というわけではありません。もう少し長生きすればノーベル賞も取ったのではないか、という実績のある高名な物理学者であり、ダライ・ラマ法王に物理学を教えたことでも知られています。

上記の本で、そういう人がこんな説を唱えている、と紹介したところ、これが物理学の定説になっていると錯覚した人が多くいました。これは事実とまったく異なります。その誤解を防ぐために「科学的ロマン」という言葉を導入したのです。

量子力学では、素粒子が波動として存在する「量子状態」（以下「量子場」と呼びます）と、粒子として存在する状態の二重性があることがよく知られています。D・ボームは、「量子場」を「暗在系」、粒子の状態を「明在系（explicate order）」と名付けました。

「明在系」の方は、私たちが常識的によく知っている、目に見える物質的宇宙そのものです。

D・ボームは、この「明在系」と「暗在系」の関係が、ホログラフィーとそれを記録したフィルムに対応しているのではないかと提案しており、「ホログラフィー宇宙モデル」と呼ばれています。

「ホログラフィー」というのは立体映像を作る技術です。物体にレーザー光を当て、その反射波と元の光との干渉縞をフィルムに記録します。干渉縞は、縞々になっているだけで、何が映っているのかわかりませんが、それにレーザー光を当てると、元の立体像が再

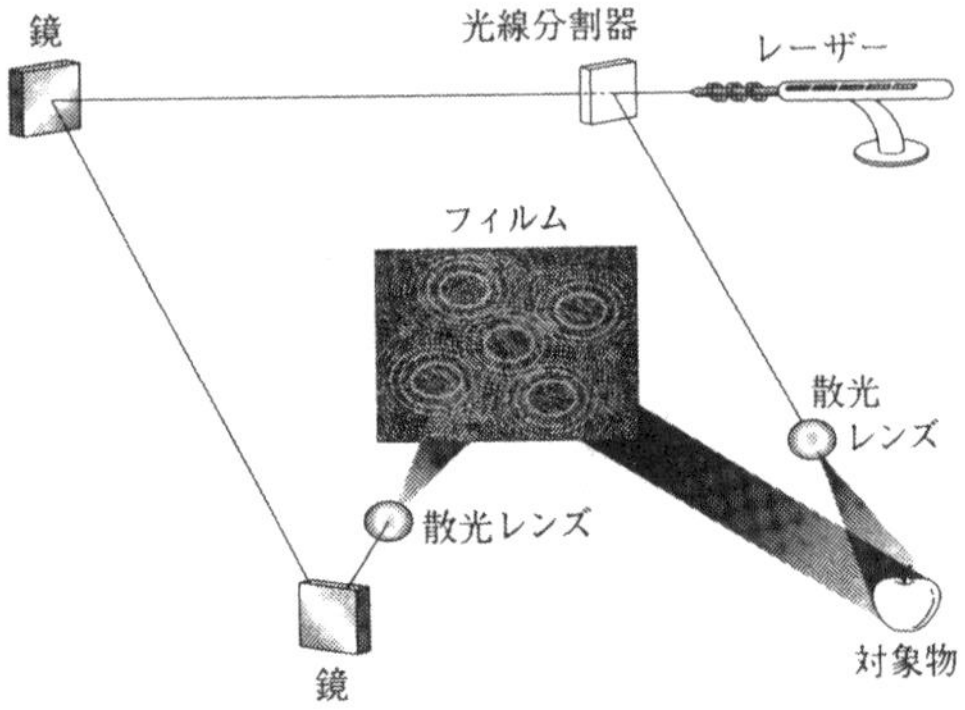

「ホログラフィー」の原理

生できるのです。

ここで面白いのは、普通のフィルムならフィルムが半分になれば、映し出される像も

半分になるのに、干渉縞のフィルムが半分になっても、どこも欠けることなく全体像が再生されることです。半分どころか、十分の一になっても、極端な話、百万分の一になっても、それにレーザー光を当てれば元の立体像の全体が、そのまま再現されるのです。
もちろん、フィルムが小さくなると、全体にノイズが多くなり像はぼやけますが、立体像のどこかが欠ける、ということはありません。
つまり、フィルムのどんな小さな部分にも立体像の全体が畳み込まれています。部分が全体で全体が部分なのです。仏教の経典（華厳経）には同じ概念が説かれています。

「一即一切、一切一即」華厳経
（どんな小さいところにも、宇宙のすべてが畳み込まれている）

そういう「暗在系」と、ごく普通の物質的宇宙「明在系」が表裏一体になっているのが宇宙の姿だ、というのが「ホログラフィー宇宙モデル」の骨子です。前掲書では「暗在系」を「あの世」、「明在系」を「この世」に対応させています。

この「ホログラフィー宇宙モデル」が科学的仮説として採用されなかったひとつの理由は観念的だ、ということでした。科学的仮説というのは、たとえ実験的な検証がまだできていなくても、これから起きる事象を確定的に予測できなくてはいけません。そうでなければ、検証のしようがないからです。

「ホログラフィー」というのは、とてもよくできたアナロジー（類比）であり、「量子状態」と「干渉縞」のフィルムというのは似ています。ですが、宇宙がホログラフィーそのものではないのです。

脳科学の分野から、D・ボームの「ホログラフィー宇宙モデル」を強烈に支持したアメリカの大脳生理学者、K・プリブラム（1919〜2015）は、次のように述べております。

「ホログラフィー」というのはひとつの比喩で、いうなれば、カギを手に入れたようなものです。カギでドアを開ければ、部屋の中を見ることができます。でも、カギ自体は部屋ではありません。どういう部屋が見えるかというと、われわれが現実に認識している離散的な（部分部分に分割できる）秩序の背後にある、潜在的な、分布された、分散

できない秩序です（K・プリブラム）。

このアナロジーの示すことのひとつが、空間が畳み込まれている、ということです。たとえば、立体像が人物だったとすると、その人物の手がフィルムのどこに記録されているか、顔がどこに記録されているのか、まったくわからないわけです。

「暗在系」には空間が畳み込まれている

「この世」と「あの世」の話にすり替えると、「この世」では東京とニューヨークは遠く離れた別の場所ですが、「あの世」ではどこが東京か、どこがニューヨークか、区別ができない、ということです。

これは、比較的私たちが持っている「あの世」の感覚に近いですね。東京で死んだ人の幽霊がニューヨークで出てきても、誰も不思議に思いません。幽霊は飛行機の切符を買わなくても自由にどこでも出現できる、というのはむしろ常識です。

1章で紹介した、私がサンフランシスコ国際空港で井深大さんのビジョンを見たのも同じですね。そのとき井深さんは東京におられ、亡くなる8分前にサンフランシスコに現れたわけです。

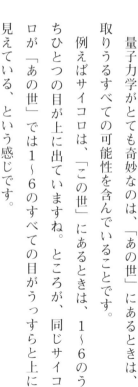

さて、本書では、素粒子が波動の状態、つまり「量子場」にあるとき、さしあたり、これを「あの世」にあると表現します。粒子状態のときが「この世」です。「ホログラフィー宇宙モデル」では、それぞれが「暗在系」、「明在系」です。

量子力学がとても奇妙なのは、「あの世」にあるときは、取りうるすべての可能性を含んでいることです。

例えばサイコロは、「この世」にあるときは、1～6のうちひとつの目が上に出ていますね。ところが、同じサイコロが「あの世」では1～6のすべての目がうっすらと上に見えている、という感じです。

量子力学では、「量子場」の波動は、観測すると粒子になってしまうことが知られています。サイコロでいうならば、

「あの世」で1～6の目が全部うっすらと上にあるのに、誰かがひょいと眺めると同じサイコロが「この世」の存在になり、そのどれかひとつの目になる、という感じです。
「あの世」にあった不思議なサイコロが、「この世」に「よっこらしょっ」と移動して、普通のサイコロになったのではありません。元々、そこにあった「あの世」のサイコロは、誰も見ていないときには、1・2・3・4・5・6のどの目が上になっているか決まっていなかったのに、誰かが見た瞬間に、そのどれかひとつの目が選ばれる、というのです。

サイコロを振ったときに、どの目が出るかは同じ確率で1／6ですから、「あの世」では全部の目が同じ濃さで見えていますが、もし確率が違うと、確率が高いほど濃く見えます。

普通は確率というと、何回も何回もやった結果の分布をいいますよね。ところが「あの世」では、確率が状態を表しているのです。
量子力学では、「量子場」はシュレディンガーの波動方程式で表現されますが、すべての可能性を状態として含み、その状態に確率がついています。量子力学は、このように統計学が組み込まれているので、量子統計力学とも呼ばれています。

エルヴィン・シュレーディンガー

観測すると、「量子場」が破れ「この世」になってしまうので、すべての可能性の中から一つの状態だけが選ばれます。その状態が選ばれる確率が、まさにシュレディンガーの波動方程式で、それぞれの状態にへばりついている確率なのです。

たとえば、素粒子を的に向かって次々に飛ばしてやると、中心付近に当たる確率は高く、中心から離れるにしたがって確率が下がりますね。これは、正規分布と呼ばれるよく知られている確率分布です。素粒子が「この世」の状態、つまり粒子の状態で飛ばしてやれば、この通りになります。これは、私たちが普段経験していることであり、素粒子でなくても、的に向かって矢でも弾丸でもボールでもたくさん飛ばせばそうなります。

ところが、ここが不思議なところなのですが、「あの世」＝「暗在系」＝「量子場」では、ひとつの素粒子を飛ばしても、素粒子は一粒の粒子ではなく、正規分布の通りに、中心付近では濃く、周囲に行くにしたがって薄くなる正規分布をして広がって飛んでいくの

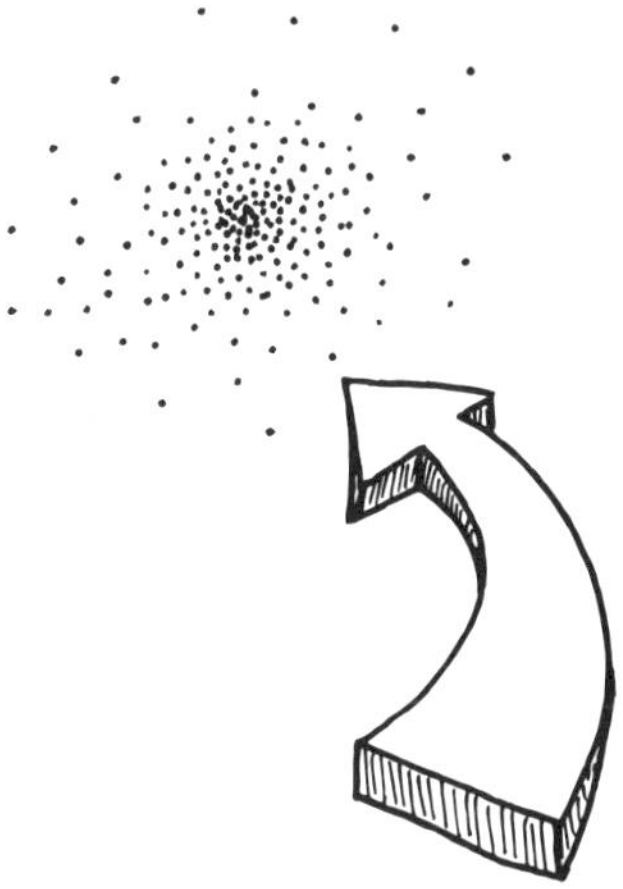

ひとつの素粒子が正規分布に広がって飛んでいく！

です。その様子が波動方程式で記述できるので、「波動」と表現されていますが、私たちが身近で経験している光や音などの波動とは様子が違います。

シュレディンガーの波動方程式では、「量子場」、つまりすべての可能性を含んだ表現があるわけですが、観測されて「量子場」が破れ、「この世」のひとつの状態が選ばれて、粒子として確定すると、「あ、これが選ばれたのね」と、あとから数式をあてはめます。

その操作は、まったく人為的であり、後付けであり、科学の理論としてはとても不自然です。「あの世」にあるときと「この世」に現れたときと、恣意的に方程式を変えているからです。しかもどの状態が選ばれるかは、事前にはわからず、実験後に結果に当てはめるだけなのです。

量子力学が勃興したとき、A・アインシュタイン（1879〜1955）はこの点が納得できなかったようです。有名な言葉が残っています。

A・アインシュタイン

「神は、サイコロでは遊びません！」A・アインシュタイン

D・ボームも、おそらくこの不自然さを何とか解決しようと、もがいたのだと思います。そして、シュレディンガーの波動方程式で表現される「量子場」（「あの世」）と、ひとつの状態だけが選ばれて「この世」になった状態を表現するアナロジーとして「ホログラフィー宇宙モデル」を提唱したのだと思います。残念ながら「ホログラフィー宇宙モデル」は、概念的な提案だけに終わってしまい、その後の発展はありませんでした。

そして、量子力学の世界はこの不自然さを残したまま、約100年が経過しました。少々不自然でも、実験と合えばいいや、という立場を「コペンハーゲン解釈」といいますが、それが主流になっているのです。

なお、最近量子コンピュータのプロトタイプがいくつか発表されておりますが、これは「量子場」を保ったまま計算します。すべての可能性を全部含み、それをそのまま計算するので、驚異的な計算能力が得られます。いわば「あの世のコンピュータ」ですね。

ただし、「量子場」を保つにはかなり技術的な困難さをともないます。

「コペンハーゲン解釈」は現実的であり、とても役に立っています。そのため、アインシュタインやD・ボームの遺志をついで、量子力学の不自然なところを何とかしようと考える物理学者はほとんどいません。


さて、波動としての粒子＝「量子場」＝「暗在系」＝「あの世」で、すべての可能性がある状態を確率変数と共に含んでいる、というのはいったいどういうことなんでしょうか。私たちが知っている「この世」の宇宙の常識からは想像もできませんね。

D・ボームは、次のように考えました。


「暗在系」には、時間が畳み込まれている（D・ボーム）

これは、ちょっと飲み込みにくいかもしれませんね。私たちは、過去から未来に向かって直線的に進む「この世」の時間しか知りません。

すでに「ホログラフィー」のアナロジーを述べたときに、空間の畳み込み……東京もニューヨークもごちゃごちゃに一緒になっていることをお話ししました。

それと同じように、時間が畳み込まれているということは、過去も現在も未来も全部ごちゃごちゃに一緒になっている、ということです。


サイコロを一回振れば、どれかの目が出ますね。無限回振れば、全部の目が1／6の確率で出現します。時間が畳み込まれているということは、それが全部含まれている、ということです。

的に向かってピストルを無限回撃てば、中心付近は弾痕が多く、周辺はだんだん薄くなっていくきれいな正規分布の弾痕が残るでしょう。「暗在系」には、それが全部含まれているのです。


これは、シュレディンガーの波動方程式とはちょっと違います。波動方程式では、すべての可能性を確率変数と共に含んでいますが、時間が畳み込まれたという表現ではなく、「量子場」そのものが、まとまってまた時間変化をする表現になっております。

時間がなければ波動は存在できず、波動方程式は成立しません。D・ボームは、シュレディンガーの波動方程式が、「量子場」の表現としてはまだ完璧ではない、と指摘したかったのでしょう。そして「ホログラフィー宇宙モデル」を出発点として、さらに完璧な理論に発展できるのではないか、と期待したのだと思われます。残念ながら、いまのところそういう発展は見られません。

D・ボームが、「時間の畳み込み」という概念を思いついたのは、量子力学の基礎のひとつである「ゆらぎ」という現象がヒントになったのではないかと想像されます。

たとえば、ピッチャーがキャッチャーに向かってボールを投げる動画があったとします。動画を止めればその時刻のボールの位置がわかり、スピードガンで測ればその時刻のスピードがわかりますね。当たり前の話です。

ところが、ものすごく寸法が小さい素粒子の世界だと、この当たり前の常識が通用しません。ボールがどこにあるのか、スピードがどのくらいなのか、常にゆらいでおり、確定できないのです。動画を止めても、静止画にはボールがはっきりとは映っておらず、ぼんやりと広がっている感じです。スピードガンで測っても、スピードは確定せず、だいたい、まあ、このくらいの範囲でしょうと、あいまいな答しか得られません。

素粒子は常にゆらいでいる

素粒子は常にゆらいでいる

そうすると、これは私たちの常識とはかけ離れてしまいますが、寸法をうんと小さくしていくと、やがてゆらぎのほうが寸法より大きくなってしまい、空間が意味をなさなくなります。その限界が「プランクスケール（10^{-33}㎝）」です。

どういうことかというと、誰かが物の寸法を測り、1mでしたと報告したとします。次の人が行って同じものを測ると30㎝だったりするのです。もう、あまりにもでたらめなので、「空間」という概念が崩壊してしまうのです。

光が、このプランクスケールを駆け抜ける時間をプランクタイム（5×10^{-44}秒）といいますが、同じように、それ以下の微小時間では時間という概念が意味をなさなくなり、崩壊してしまいます。

私たちは、空間はいくら細かく分割していっても性質は変わらない、時間もいくら小さくしても性質は同じ、と思っていますね。微積分という数学はそれを前提としています。ところが、量子力学は「そうじゃないよ」と説いているのです。空間は、プランクスケールという最小単位の粒があり、それ以下には分割できません。同じように、時間というのもなめらかに流れているのではなく、プランクタイムという粒々が流れている、ということになります。

これはちょうど、光というのもなめらかに流れているのではなく、光子（フォトン）という粒々が流れているのに似ていますね。

その最小単位、「プランクスケール」、「プランクタイム」より小さな空間、時間では、空間も時間も消えてなくなるといってもよいでしょう。空間・時間が畳み込まれている、という概念は私たちの常識に反しますが、このように極小の世界では現実に存在しているのです。

D・ボームが「暗在系」の概念を提案するにあたって、このことが頭にあったでしょう。あるいは、「暗在系」の世界がプランクスケール以下の寸法に畳み込まれているのではないか、ということで数式化を試みたかもしれません。

「プランクスケールというのは、〝そこまでは通常の時間・空間の概念が通用する〟という、一種の限界値にすぎません。それゆえ、この限界を超えた精妙な世界には、〝何も存在しない〟とするのは独断でしょう。むしろそれを超えたところには、いまだにわれわれがその本性を、ほとんど、あるいはまったく知らないさらなる領域が……そのような一群の領域が……確実に存在すると考えられます。（D・ボーム）」

シュレディンガーの波動方程式のさらに先を行くもの、として提案された「ホログラフィー宇宙モデル」は、結局のところ数式化はできず、概念だけの提案で終わってしまいました。つまり、「これから行う事件の結果を確定的に予測できる」という科学的な仮説のレベルまで到達できず、一部の宗教家や神秘家を喜ばせただけで、物理学の世界には定着できませんでした。

私はこれを、壮大なる「科学的ロマン」と呼んでいます。

一方のシュレディンガーの波動方程式は、様々な不自然なポイントがあり、しかも、上で述べたように、時間・空間が連続でないために本来は成立しないはずの微分方程式という形式で記述されています。

それにもかかわらず、実験結果を確実に予測でき、しかもいまのところ実験結果との矛盾は出ておらず、量子コンピュータの実現などの実用面では大いに貢献しております。

物理学の世界は、ほとんど「コペンハーゲン解釈」一色に染まってしまいました。

ところが、現実の世界は科学では説明できない神秘的な現象に満ち満ちております。

たとえば、1章で紹介したように「易占い」で未来が予測できる、などということはユングの言を待たなくても多くの方が経験されていると思います。それを「非科学的だ」

と切り捨てるのではなく、包含するように発展させることが本来の科学のあり方でしょう。

これから起きることを予測する、などということは、シュレディンガーの波動方程式では不可能ですが、時間が畳み込まれている「ホログラフィー宇宙モデル」なら可能性が残ります。

あるいは、D・ボームも未来予測も説明できるモデルを模索していたのかもしれません。


天外は、『ここまできたあの世の科学』(1994年)の時代から約30年、一貫してこのD・ボームの「科学的ロマン」を支持してきました。ただ前著では、「仮説」と書いてしまったがために、あたかも科学の世界が「ホログラフィー宇宙モデル」を受け入れたような誤解を生じ、一部の識者からお叱りを受けましたが、本書では誤解のないように注意深く記述し、「科学的ロマン」という言葉を導入しています。

したがって本書では、必ずしも科学的な裏付けのないストーリーを展開いたしますが、天外はそろそろ科学の呪縛を離れて、宇宙の実態に迫りたいと思っております。ただし、スピリチュアル系の方々のように、直感とチャネリング情報だけで断定的に主張することは避ける予定です。

多くのスピ系のリーダーが、きわめていい加減に科学を引用し、自説が科学に裏付けられているような表現をされています。ご本人は単に科学的なトレーニングを受けていないだけで悪気はないと思いますが、これは一般の方をミスリードしており、問題があります。怪しい話を迷信として否定することなく、しかしながら科学的に証明されていないということは、ちゃんと断って、しっかり提示する大切さを痛感します。

これから、科学ともスピリチュアルな世界とも絶妙な距離感を保って、天外ワールドを展開したいと考えております。

「天外ワールド」＝怪しい話も排除せずに大切にしますが、科学とそうでない部分をはっきりと切り分けて語ります。

さてここで、本章の最大のハイライトをご紹介しましょう。それは、前章で述べた「あの世」＝「集合的無意識」という話と、本章の「あの世」＝「暗在系」の話の合体です。

「天外ワールド」＝
スピリチュアル系＋最新の科学＋柔軟な発想

一方は精神を病んだ患者を永年観察してきた結果、高名な心理学者が人間の無意識レベルは全人類共通部分がある、と主張したことから発展させて宗教的な「ワンネス」の世界につなげていったストーリー。１００％精神の話です。

もう一方は、物理学の世界では受け入れられなかったにしても、量子力学の奇妙なところを何とかしようとして、トップクラスの物理学者が提唱した宇宙モデル。１００％物質世界の話です。

普通考えたら、この二つの話が交わるわけはありません。

しかしながら、両者とも「この世」では個別な存在が「あの世」ではぐちゃぐちゃに一体化されている、という共通点があります。

「集合的無意識」は、意識レベルでは個人々々別々な存在であるのに、無意識レベルでは全人類がつながっている、としております。

「暗在系」では、時間も空間も畳み込まれているので、すべての物体がぐちゃぐちゃに一体化しているだけでなく、過去も未来も一緒になっています。

したがって、「集合的無意識」＝「暗在系」ということの障害は、精神世界と物質界の間にある巨大な壁だけになります。

でも、よく考えると、時間も空間も畳み込まれた「暗在系」で、物質はいったいどういう姿をしているのでしょうか。たとえば、ホログラフィーで人物像が記録された干渉縞は、元の人物像とは似ても似つかない縞々模様になっています。

すべての可能性を含み、過去の姿も未来の姿も含んだ物質の姿など、とても想像できませんね。観測すると、「あの世」の存在ではなくなり、「この世」のいまの姿……ごく普通のありふれた物質の姿になってしまうので、「あの世」の物質の姿というのは絶対に見ることができません。

さらにいうと、時間も空間もない「あの世」では「姿」という概念が成立しません（姿というのは空間の中にある形を占有していることです）。D・ボームは、「暗在系」における物質の姿は、「意味の場」になっているのではないか、といっておりますが、これも想像にすぎないでしょう。

結局、精神と物質は「この世」では全く違うジャンルに入りますが、「あの世」では、

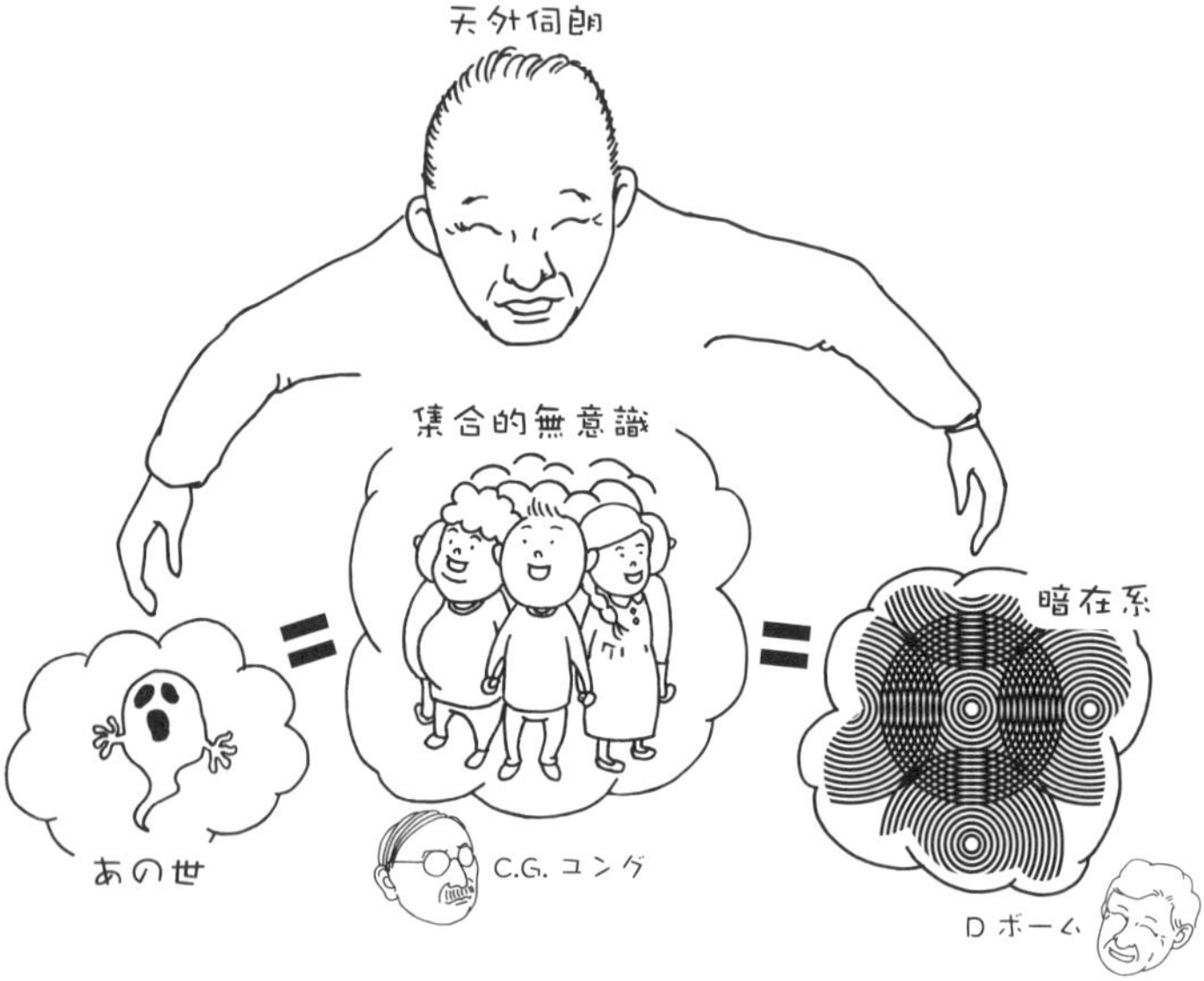

よくはわかりませんが、それほどの差はないかもしれません。

本書では思い切って、次のように考えて、今後の議論を進めます。

「あの世」＝「集合的無意識」＝「暗在系」

そうだとすると、「あの世」に関しては次のような特徴が抽出されます。

「あの世」の特徴
①時間・空間が畳み込まれている
②過去・現在・未来の区別がない
③非局所的、すべてが一体となっている
④因果律が成立していない
⑤観測できない（見えない、あるいは観測すると「この世」に出てきてしまう）
⑥「あの世」と「この世」は表裏一体となっており、分離できない

このうち、②と③は、①と同じことをいっております。時間がなければ、過去・現在・未来といった時間の流れがなくなるのは当然です。空間がなければ、何かがどこか特定の場所に存在する、という局所性は失われ、すべてが一体になってしまうのは当たり前ですね。

また、時間がなくなれば、原因があって結果があるという因果律も成立しません（④）。時間・空間だけでなく、原因と結果も畳み込まれているのです。これはすでに、極小の

①

②

③

④

「原因」=「結果」

⑤

⑥

世界では因果律が成立していないことを量子力学が証明しております（1章）。
⑤に関しては、どう頑張っても自分には見えない「無意識」の性質と、観測すると「量子場」の波動ではなくなり、粒子になってしまう量子力学の知見そのものです。
⑥は、どちらかというと注意書きです。「あの世」と「この世」が別々に存在するのではなく紙の裏表のように、一体になってますよ、ということです。私たちがよく知っている、目に見える物質的な宇宙「この世」の裏に、目に見えない、すべてがぐちゃぐちゃに溶け込んだ「あの世」という宇宙がへばりついている、といった感じでしょうか。
科学的には説明できない、私たちが神秘的と感じる、たとえば透視、テレパシー、未来予知などといった現象は、この「あの世」を通じて生じているのではないか、と思います。

1章では、ユングが「共時性」の説明のために「目に見える物質宇宙の背後にある、目に見えない秩序」というおぼろげな概念を提唱したと述べました。本章でご紹介した「あの世」という概念が、もう少しそれを、鮮明に、クリアに定義できたのではないでしょうか。

私たちは、時間がしっかりと過去から未来に向かって一様に流れ、空間があり、局所的に物質が存在する世界しか知りません。したがって、時間も空間もない世界を想像することはとてつもなく大変です。

ここでは、「あの世の常識」をいくつか挙げておきましょう。

「あの世」には老いも死もありません。

「老い」というのは年齢とともに進みますね。時間が無くなってしまえば、歳を取る、ということもないので、老いから解放されます。

「死」というのも時間の関数です。死亡時刻というのがあり、その前は生きているし、そのあとは死んでいるのです。時間がなくなれば「死」という現象は見えなくなります。

つまり、「死」という現象は「この世」特有のものであり、「あの世」にはないのです。

よく「死後の世界はありますか？」と聞かれますが、答は「死後の世界はありません」となります。死ぬと「この世」での生活はなくなり、「あの世」だけになりますが、そこでは「死」がないので、「死後の世界」とは呼べません。強いていえば「永遠の時間」の世界、という表現になるでしょうか。

「あの世」には「出来事」はありません。

「この世」は「出来事」の連続ですね。生きていれば、毎日すさまじい数の「出来事」に遭遇します。でも、「出来事」というのは時間の関数であり、時間がなければ発生しようがありません。

不生不滅不垢不浄不増不減（般若心経）

どうやら「あの世」というのは、何も生まれず、何も動かない、シーンと静まり返った死の世界のようです（「あの世」が「死の世界」というのは納得できるかも……笑）。

「あの世」には原因も結果もありません。

これはもう既に述べましたね。何か原因があり、時間の経過とともに結果が出る、ということは「この世」の常識にすぎず、「あの世」では通用しません。原因と見なされる事象も、結果も全部溶け込んでしまっているのです。

「あの世」には発明はありません。

すごいことを思いついた、いままでまったくなかったものを発明した、といっても、それは「この世」だけの話であり、「あの世」には既に存在していたのです。

4　発明とは、「あの世」に畳み込まれていたものを「この世」に持ってくるだけの作業

前章の最後のメッセージを再掲します。

「あの世」には発明はありません。

天外（正確には本名の土井利忠）は、ＣＤ（コンパクトディスク）の発明者として知られています。本人は、すったもんだと苦労しながら新しい技術を創造した、と思い込んでいます。

ところが、「あの世」の視点で見れば、発明なんていうのはとんでもない思い上がりだ、ということになります。ＣＤは、元々「あの世」に畳み込まれた未来にあった（注：これすごい表現！　未来を過去形であらわしている）のを、単に発見して持ってきただけ……ということです。

発明というのは、無から有を生じさせるのではなく、単に「あの世」に畳み込まれていたものを「この世」に持ってくる、という作業にすぎないことになります。ただ、「あの世」は見えないので、あたかも無から有が生じたように感じるだけです。

そうだとすると、天外（土井）がＣＤを「あの世」から「この世」に持ってくるのもあらかじめ決まっていた、ということなのでしょうか。それは、はるかに複雑なプロセスだったのですが、その詳細まで全部びっしりと決まっており、私たちは単に操り人形のごとく、決められたとおりに演技しただけなのでしょうか。

これは、ほとんどの人にとって、とても受け入れられるような話ではないですよね。私たちは、人間には自由意思があり、未来は確定しておらず、たくさんの可能性の中から、どれか一つを選択することによって、起きることが決まっていくと思い込んでいます。

その常識が嘘で、私たちの自由意思による選択までも、「あの世」に組み込まれているというのでしょうか？

天外（土井）が、「あの世」にあったCDを「この世」に運んできた顛末と、本来は読めるはずがない「あの世」に秘められた「宇宙のシナリオ」が、ほのかに「この世」に漏れてきている話は5章でいたしましょう。

本章では、「この世」の未来が、どんな形で「あの世」に畳み込まれているのか考えてみましょう。「時間の畳み込み」というのは、私たちの常識を超えており、それを感覚的に把握していただけないと、本書のストーリーは前に進めません。

もちろんその実態は、いくら考えてもわかるわけはないのですが、D・ボームがホログラフィーという「この世」に存在する技術をアナロジーとして使って「空間の畳み込み」を表現したように、フーリエ変換という「この世」の概念で「時間の畳み込み」というメカニズムを見てみましょう。

「あの世に畳み込まれた未来」というのがもし本当だとしても、いったいどういう形態で畳み込まれているのか、いまのところまったく情報がありません。
シュレディンガーの波動方程式では可能性がすべて羅列されているだけで「シナリオ」は含まれていないので、そのどれが選択されるかはわかりません。実験結果を見て、つまり選択された結果を見て、「ああ、そうだったのね」と、後追いで方程式をいじる不自然さを3章で述べました。

「ホログラフィー宇宙モデル」は、単なるアナロジーであり、具体的な示唆は含んでおりません。しかもホログラフィーに示される比喩は、空間の畳み込みであり、時間の畳み込みではありません。

時間が畳み込まれる方式の例として、理系の方ならフーリエ変換をよくご存知でしょう。時間軸を周波数軸に変換する方式です。

これは「あの世」と「この世」のアナロジーの例としていくつかの本（たとえ

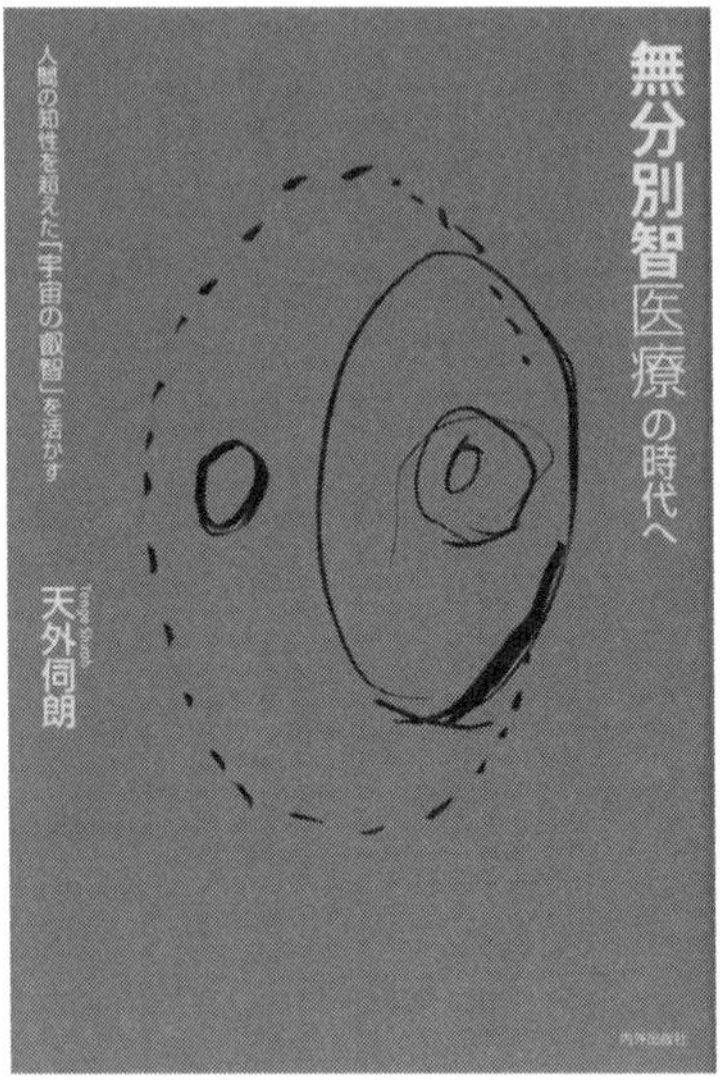

『無分別智医療の時代へ』
（内外出版社、２０１７年）

ば、天外『無分別智医療の時代へ』（内外出版社、２０１７年［6］）でご紹介しました。

たとえば64秒間の音楽をいったん録音して、それをちょっと時間はかかりますがコンピュータでＦＦＴ（高速フーリエ変換）という計算をシコシコとやると、時間とともに変化していた音楽が、周波数軸上に分布しているスペクトラムと呼ばれる値に変換されます。

スペクトラムというのは、いろいろな周波数の音の大きさの分布をいいます。フーリエ変換というのは、時間とともに変化する音の情報を、たくさんの周波数の音の合成に変換する技術であり、変換されるとその音はスペクトラムという周波数分布で表現されるのです。

このとき、それぞれの周波数の音は正弦波（サインカーブ）の純音が仮定されており、一定の大きさで鳴り続けていることが想定されています。その大きさが、周波数ごとに定められており、その分布をスペクトラムと呼んでいるのです。

時間がたたみ込まれている

64秒間の音声波形を周波数スペクトラムに変換すると
「時間」が消滅してしまう。

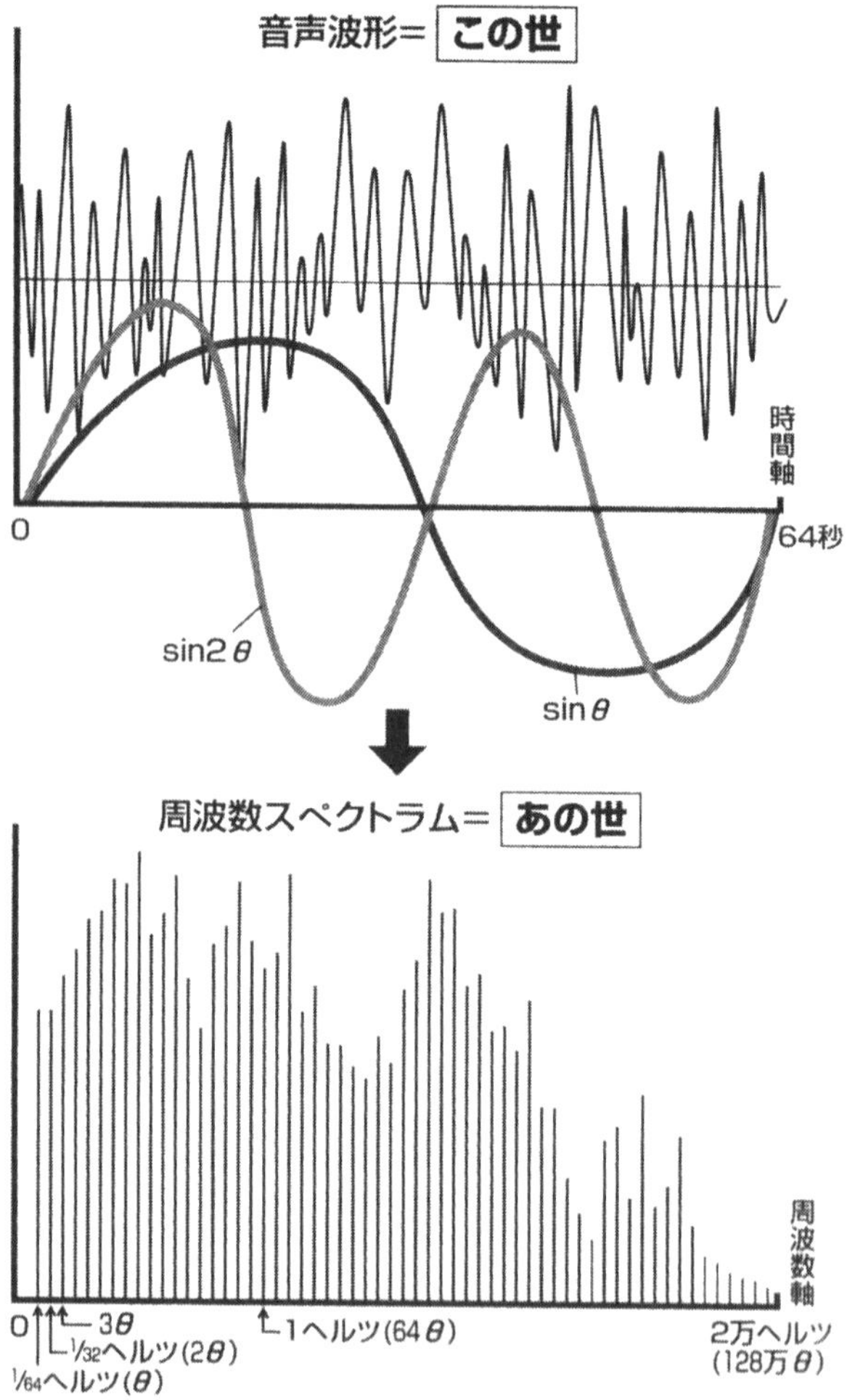

フーリエ変換では、時間も周波数帯域も有限というのが、変換が可能な条件です。たとえば時間を64秒、周波数帯域の上限を20キロヘルツ（ＣＤと同じ）とすると、自動的にスペクトラムの数は１２８万本に決まります。

その周波数スペクトラムだけあれば、元の64秒間の音楽はまったく元通りに再生できます。つまり、周波数軸が見事に時間軸に変換できるのです。

その周波数スペクトラムが、時間が畳み込まれた「あの世」によく似ている、というのがミソです。この場合、時間とともに変化する元の音（時間軸）が「この世」に相当します。

周波数スペクトラムから音楽を再生しようとすると、スペクトラムそれぞれに対応する周波数の１２８万個の発信器と、それに接続されたスピーカーを用意しなければいけません。そして、スペクトラムの値に応じてボリュームを調整し、一斉に発信器のスイッチを入れれば、あ～ら不思議！　あたかも録音を再生しているのとまったく同じように音楽が流れだします。

それぞれの発信器（スピーカー）から出ている音は、周波数スペクトラムで定められた一定の大きさなのですが、全部が合成されると美しい音楽になります。そんな面倒なことはとてもできないので現実的ではないのですが、原理的にはそうやって音楽を再生することはできるのです。

いま思考実験として、スペクトラムからそうやって再生した音楽を聴いているとします。ある時点でとらえると、それから先の音はまだ聞いていない未来で、それは確かに周波数スペクトラムに含まれています。つまり、この場合には単に録音を再生しているのとは違い、記録媒体には時間的に変化する音楽は一切ないにもかかわらず、未来が記録媒体に畳み込まれています。

この場合には、時間的な変化は128万個の発信器から出てくる波形の干渉で発生します。でもひとつ一つの発信器自体は一定の大きさの音を、ずーっと出し続けているだけで、一切時間的な変化はしておりません。

もうちょっと丁寧にご説明しましょうか。録音された時間軸の波形（「この世」）を見

周波数スペクトラム（「あの世」）の波形

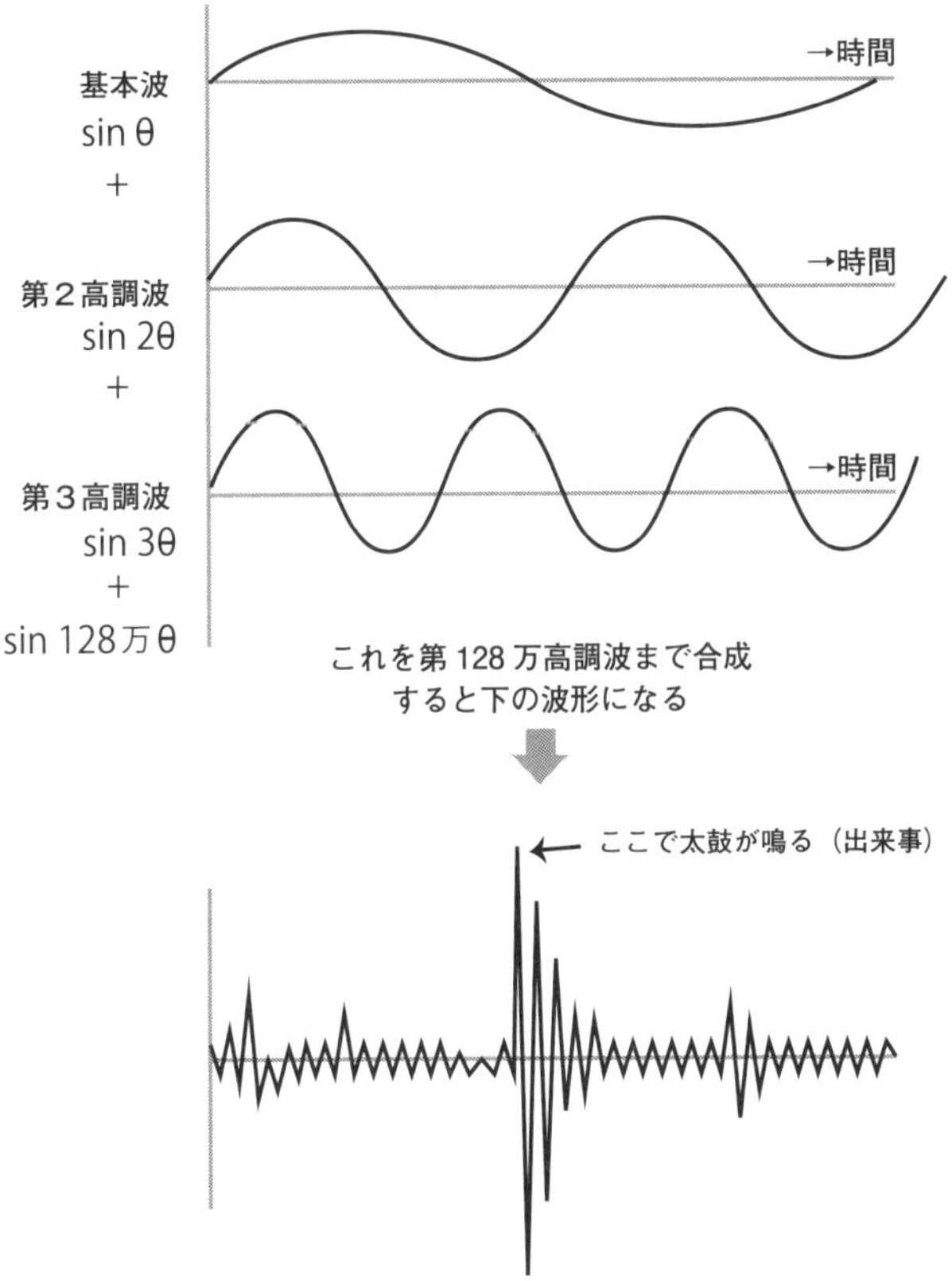

時間軸（「この世」）の波形

周波数スペクトラム（「あの世」）の正弦波をたくさん重ね合わせて合成すると、時間軸（「この世」）の波形＝録音波形　になる。

れば、たとえば太鼓がドーンとなれば、大きな振幅の波形が記録されています。ところが、128万本の周波数スペクトラム（「あの世」）をいくら眺めても、どこで太鼓が鳴っているのかはわかりません。

128万個の発信器からは、それぞれ周波数スペクトラムで定められた一定の大きさの音が「ピー」とか「プー」とか出ているだけなのですが、それを全部合成すると、ちょうど太鼓が鳴る時点でそれらの波形が大きく干渉して、録音波形とまったく同じ大きな振幅になり、耳にはドーンという太鼓が聞こえてくるのです。128万ものサインカーブがあり、それぞれが山あり谷ありなのですが、たまたま山がたくさん重なれば、とても大きな山になり、「ドーン」という太鼓の音にもなるのです。

繰り返しになりますが、理解を深めるため、もう一度ちょっと整理をしてみましょう。いま、FFTで計算した結果の周波数スペクトラムを「あの世」に対応させております。周波数スペクトラムというのは、128万本の周波数それぞれの大きさを表しており、何の動きもなく、静まり返っています。音というのは時間とともに変化する空気圧なので、時間がない「あの世」には音はありません。

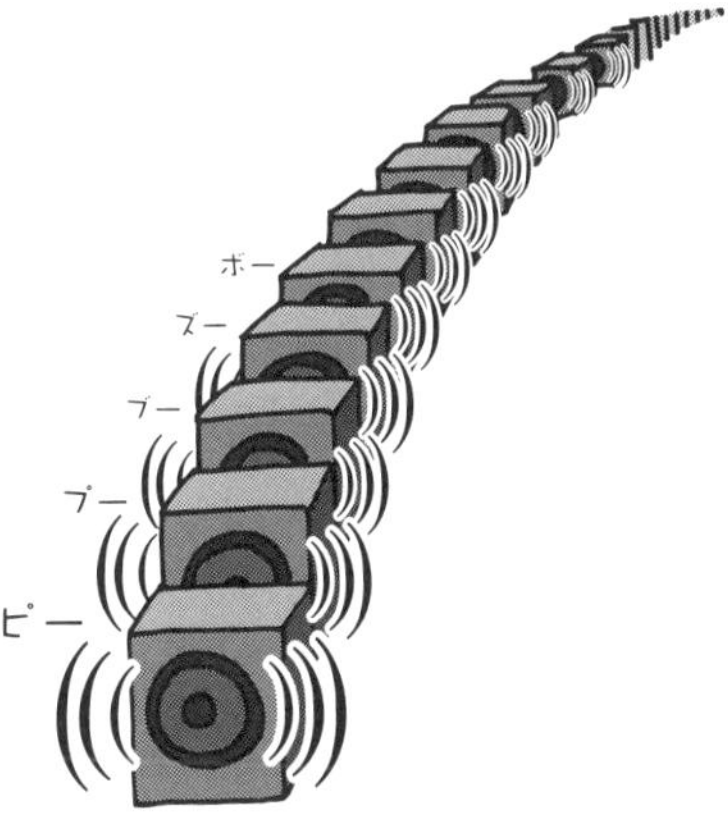

128万個の発信器（スピーカー）が、「あの世」と「この世」の変換機

「この世」というのが、64秒の音楽だとすると、これは時間とともに変化する美しい音の流れです。時間がない周波数スペクトラム（「あの世」）を、「この世」の音楽に変換するためには、スピーカーに接続された128万個の発信器を用意して、そのスイッチを入れなければいけません。それぞれのスピーカーからの音は「ピー」とか「プー」とか、無味乾燥な一定の大きさの純音なのですが、その128万の音を全部足し合わせてやると、妙なる音楽が流れてくるのです。

つまり、発信器（スピーカー）から出てくる音が「あの世」の周波数スペクトラムに時間を持ち込むのです。いわば、128万個の発信器（スピーカー）が、「あの世」と「この世」の変換機になっている感じですね。

太鼓がドーンと鳴る、というのは「出来事」ですね。「この世」の時間軸には「出来事」

があるのですが、「あの世」の周波数スペクトラムには「出来事」はありません。「あの世」から「この世」に変換するための128万個の発信器からでてくる波形が干渉して「出来事」を作り出していくのです。

前章のメッセージを再掲します。

「あの世」には「出来事」はありません。

このようなフーリエ変換の様子が、そのまま「あの世」に当てはまるかどうかわかりませんが、「時間が畳み込まれる」という不思議な現象が、現実の私たちがよく知っている世界でも存在する、というひとつの例にはなるでしょう。

なお、このフーリエ変換の例では、いったん録音してからFFTの計算をするので、未来が周波数スペクトラムに畳み込まれている、といっても、それは「確定している未来」であることは注意を要します。確定していないとFFTの計算はできません。

理系の方は、理学系でも工学系でもフーリエ変換はなじみ深いので、この例を出すと「あの世」と「この世」の関係をすぐに納得していただけます。ところが理系でない方には、フーリエ変換の原理はつかみにくい、という声をいただいておりました。

本章では、本来は積分変換として説明されるフーリエ変換を、できるだけ平易に説明したつもりですがご理解いただけたでしょうか。

5　デシジョン・ミスが思わぬ成功につながった、ソニーでの体験談

未来は、いったいどういうふうに「あの世」に畳み込まれているのでしょうか？

フーリエ変換と同じように未来は確定しており、私たちが自由意思で選択したと思っていることも含めて、すべてが決まっており、その通りに「この世」では進行していくのでしょうか？

それとも、大まかなシナリオだけ決まっていて、舞台俳優が時にはアドリブのせりふを吐いたり、シナリオにはない演技をするといったような自由度が許されているのでしょうか？

いずれにしても、「あの世」は観測不能であり、畳み込まれている未来を私たちは知ることはできません。

でも注意深く観測すると、「この世」の出来事の中に「あの世」に畳み込まれていたシナリオがほのかに滲み出ていたことを発見できることもあります。

以下、ＣＤの開発に関して、「宇宙のシナリオ」が「この世」に滲み出ていたことに気付いた顛末をお話ししましょう。

エジソンの蝋管レコード

ストーリーを、かなり詳しくお話しします。「宇宙のシナリオ」は、「この世」のストーリーの細かいところに展開されており、要点だけではなかなか伝わらないのです。

しばらくの間、年寄りの昔話にお付き合いください。

音を記録するということは、T・エジソン（１８４７〜１９３１）の蝋管レコードから始まりました。

これは音の波形をそのまま溝の凸凹に記録しております。このように波形をそのまま記録するのをアナログ記録といいます。テープレコーダーも、波形をそのまま磁気の強さに変えて記録しますのでアナログ記録です。

一方のCDは、波形をいったん数字に置き換えて記録するのでデジタル記録ということになります。数字に置き換えることによって性能が飛躍的に上がるのです。その数字は、1章でご紹介した『易経』の二進法が使われます。

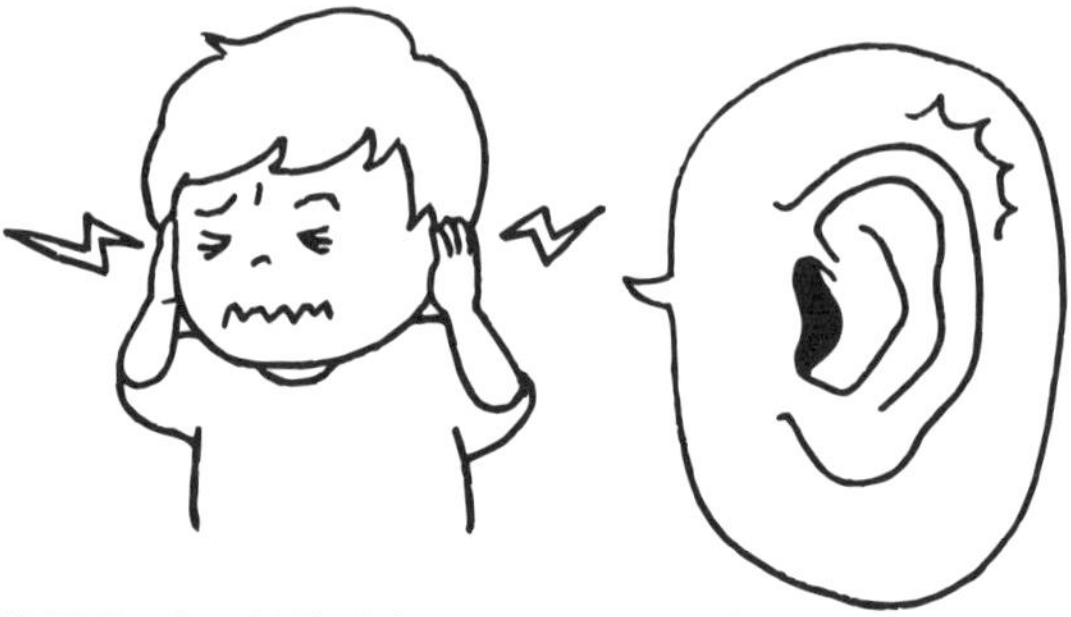
「符号誤り」＝鼓膜が破けるようなノイズ！

レコードの上に埃や傷があると凸凹が狂いますのでノイズになります。でもそれは、よほど大きな傷でない限り「プチッ」という可愛いノイズで済みます。レコードに針を落とすと「プチプチ」と小さなノイズが聞こえてくるのを覚えておられる方も多いでしょう。

ところが、デジタル記録になると、音が数字に置き換わっているので、アナログなら小さなノイズで済むようなわずかな傷でも大きな数字の間違いになり、「ドッカーン！」と鼓膜が破けるような大きなノイズとして再生されてしまいます。

数字が間違うことを「符号誤り」といいます。ＣＤ開発における苦労の大半は「符号誤り」対策だったといっても過言ではありません。

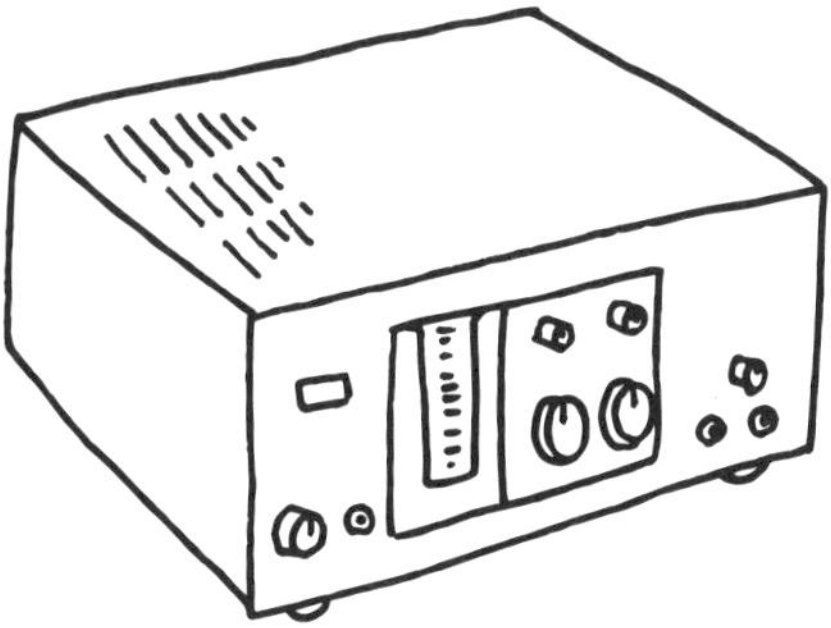

ＰＣＭ―１

世界で最初のデジタル録音機は、ソニーから家庭用ＶＴＲ（ベータマックス）のアダプター「ＰＣＭ―１」として１９７８年に商品化されました。いまからお話しするのは、そのプロトタイプができた１９７６年当時のエピソードです。

デジタル記録は必要とする周波数帯域が広いので、ＶＴＲを使うとちょうどよく、「ＰＣＭ―１」は、音響信号をビデオ信号に変換していたので、ＶＴＲにそのまま記録できました。どういうことかというと、ビデオ信号特有の水平同期信号、垂直同期信号をわざわざ作って入れ込んでいるので、音響信号であるにもかかわらず、ＶＴＲは映像信号だと錯覚して記録するのです。

私は、デジタル録音がどんなに性能が良くても、あまり録音する素材がないな、と思っておりました。せいぜいオーディオ・マニアが虫の声を録音する程度だろう、夢の超ハイファイとかいってても使い道がないのです。プロが一流の音楽を録音して家庭まで届けるレコードの方が、はるかにこの技術が生きるのです。

じつは、二年前には、オランダのフィリップス社が直径30㎝のビデオディスクを開発発表したばかりであり（１９７４年、ＭＣＡ社と共同）、ソニーもそれを商品化すべく大車輪でプロジェクトが動いておりました。

「ＰＣＭ—１」は、音響信号をビデオ信号に変換しているので、原理的にはそのままビデオディスクにも使えるはずです。ところが、当時私のプロジェクトは誰も認めてくれない弱小プロジェクト、しかも創業者の井深大さんがデジタル嫌いで、大反対をしている中で進めていました。むしろ研究していることをトップにひた隠しにしていた、といってもいいでしょう。

一方、ビデオディスクのプロジェクトは社長の大号令で錦の御旗で動いている王道であり、しかも先行するフィリップスに追い付くべく、寝る間も惜しんで開発が進んでおりました。

とても正式に頼めるような雰囲気ではありませんでした。

もうひとつ、私の上司の研究所長（中島平太郎、１９２１～２０１７）にもいえない理由がありました。彼はソニーに来る前にＮＨＫで、放送局用の高価なＶＴＲを使って世界最初のデジタル録音をしたときの研究所長で、どちらかというと業務用の録音機に興味を持っておられました。

彼は、ソニーに移ってすぐに、ＶＴＲを使わない固定ヘッド方式のデジタル録音機の試作を命じました。ところがそれは、一億円でも売れない巨大な装置になっただけでなく、「符号誤り」対策を全くしていなかったために、すさまじいノイズを生じ、評判は最悪でした。

私は、ちょうど発売が始まっていた家庭用VTR（ベータマックス）のアダプターにすれば、安価になるのではないかと、スタートしたのが「PCM−1」のプロジェクトでした。でも、そのために素人が録音しようとしてもいい音源がない、という問題を作ってしまいました。

そこで、VHS勢に押され始めたベータマックスのための起死回生のプロジェクトと位置付けることにより、トップに認めてもらって、社内におけるプロジェクトの地位を何とか確保しよう、というストーリーを持ち込みました。

私は、心の中ではディスクが本命と思っていたのですが、それは口が裂けてもいえない雰囲気があったのです。

そこで、1976年に「PCM−1」のプロトタイプができたときに、誰にも内緒で、ビデオディスクの開発担当者に頼み込んで音響信号を記録したビデオディスクを一枚だけ作ってもらいました。

超多忙なビデオディスクのプロジェクトを妨げて、当時手作りで、ものすごく手間がかかるディスクの制作を1枚、こっそりお願いするというのは、かなりの無理筋であり、担当者の個人的好意だけが頼りでした。

でも、もしうまくいったら、研究所長にも、ビデオディスクのプロジェクトリーダーにも、承認を得ないでこっそり実験したことを謝って、「ＰＣＭ―１」はＶＴＲとビデオディスク共用のアダプターとして売り出そう、と考えました。そうすれば、プロが録音した高音質の音楽ディスクを家庭まで供給できるからです。

固唾《かたず》を飲んで……

余談ですが、このように上司に内緒でプロジェクトを動かすというのは、読者は奇異に思われるかもしれませんが、ソニーの中では常識であり、当時のソニーの強さのひとつの秘密でした。

ソニー語録１「本当に面白そうなことを思いついたなら上司に内緒で実行しろ！」

さて、様々な想いを飲み込んで、こっそり作ってもらったディスクがようやく仕上がり、いよいよ実験する日が来ました。極秘の実験だったので、私以外は2、3人。「PCM―1」の試作機はまだバラックで、電子回路がむき出しでしたが、すでにVTRにつなげば美しい音楽が再生できることは証明済みでした。

プレーヤーの上にディスクが置かれ、みんなが固唾を飲んで見守る中、スイッチが入れられました。皆は当然、美しい音楽を期待して聞き耳を立てました。

実験は大失敗！

……ところがっ！　……

スピーカーから流れてきたのは「ゴォオオー」という風の音のようなすさまじい騒音であり、よく耳を澄ますとその轟音の中に、かすかに、とぎれとぎれの音楽らしきものが聞こえました。
すぐに原因が調べられました。ＶＴＲとディスクでは「符号誤り」が違いすぎて、「ＰＣＭ—１」の「符号誤り対策」では、手も足も出なかったのです。

……実験は大失敗でした……

いまでは、この極秘実験のことはソニーの社史にも載っておりますが、その後20年にわたって、このことは実験に立ち会った数人以外は誰も知らない秘密としてキープされました。要するに闇から闇に葬られたのです。これもじつは、ソニーでは頻繁に起こることです。

ソニー語録２「失敗したら、闇から闇に葬れ！」

私は正直いって、ＶＴＲとビデオディスクプレーヤー共用のアダプターという夢が破れ、相当に落ち込んでいたのですが、気を振り絞ってデシジョンを皆に伝えました。天

最大の山場！

外伺朗（土井利忠）34歳、観客はほとんどいなかったのですが、後から振り返ると、人生という大舞台で最大の山場を迎えていた感じがあります。

一九九六年、天外伺朗（土井利忠）34才、最大の山場でのデシジョン

①この実験をしたことがばれると問題が起きる。闇から闇に葬ろう！
②「PCM―1」は、ビデオディスク用はあきらめ、VTR専用として売り出そう。
③ディスクは別プロジェクトとして立ち上げよう。

④ディスクへの記録は、ビデオ信号としてではなく、直接記録としよう。
⑤「誤り訂正符号」という技術があるので、それを勉強して採用しよう。

このうち⑤が、「あの世」から漏れてきた「宇宙のシナリオ」に関連するのですが、それは後からご説明します。

上記④に関しては少し説明が必要でしょう。先に「ＰＣＭ―１」はビデオ信号だとお話ししました。水平同期信号、垂直同期信号を付け加えており、テレビにつなげればそのまま画像として映ります。もっともその画面は、二進法の数字に変換された音響信号であり、見ても何の意味もありません。

ビデオディスクは映像の記録用ですので、「ＰＣＭ―１」の信号は、そのまま映像として記録されます。このときの直径30㎝のビデオディスクは、演奏時間が30分でしたので、音楽を記録したとしても30分が上限です。

ところがもし、ビデオ信号に変換しないでディスクに直接デジタル記録をすれば、演奏時間は飛躍的に伸びます（23倍）。最終的なＣＤの記録密度は、ほぼこの数値になっています。

この後1977年に私たちは、この秘密実験などまったくなかったような素知らぬ顔で「PCM―1」の技術発表をし、翌1978年には「PCM―1」の発売発表をしました。それに加えて、上記デシジョン（④、⑤）通りに直接記録、誤り訂正符号を組み込んだ演奏時間が1時間に延長されたデジタル・オーディオ・ディスクの開発発表とデモを行いました。

演奏時間が1時間というのは暫定的であり、原理的には30㎝のディスクには、11時間30分記録できることを、私はオーディオ・フェアの講演でお話をしました。

上記デシジョンを起点として、CDに向かう大きな流れがドドドッと流れ始めた感じです。

秘密実験では、あまりにも結果がひどかったので私はあっさりとビデオディスクに「PCM―1」を使うことをあきらめましたが、純技術的にいうと、このデシジョンは間違いでした。

このとき、プロジェクトがスタートしたばかりで、ソニーのディスク制作技術のレベルが低く、とんでもなく欠陥が多かったのです。

この後、1979年9月からフィリップスとの共同開発が始まりますが、そのときのフィリップスのディスクの品質だったなら、「ゴォォォー」という風の音ではなく、何とか音楽として聞こえただろうと思います。そうすれば、私はあっさりあきらめないで、技術的改良に向かったかもしれません。

また、1年後の発表に使った「誤り訂正符号」を組み込んでいたら、問題なく音楽が再生できたでしょう。つまり、ビデオディスク用のアダプターというのは、あきらめるほどのことはなく、ちょっとの努力で実現可能だったのです。そうすれば、CDより数年早く商品化できたでしょう。

ところが、このデシジョン・ミスが幸運を呼びました。直径30㎝のビデオディスクは、次の家電の主力商品としてものすごい期待をかけられていたにも関わらず、さしたる普

しまった!!
大失敗だ！
ホッ！
あ、この失敗まで
宇宙のシナリオに
書いてあった！
デジション・ミスから成功につながったことも
「宇宙のシナリオ」には書いてあった

及をしないまま市場から消えていきました。もし、そのアダプターとして商品化したら、寿命は短かったでしょう。

その後、世界的に普及したオーディオ専用のCDは、このデシジョン・ミスから生まれています。

私は、これも「宇宙のシナリオ」だと思っています。正しいデシジョンをしてもうまくいかないこともあるし、デシジョン・ミスが成功につながることもあります。「宇宙のシナリオ」には、そのすべてが書いてあるのです。

「宇宙のシナリオ」には、むしろこの実験が失敗するようにわざわざ書いてあった……という推定をこの後述べます。

さて、ここから本題に入ります。デシジョン⑤の「誤り訂正符号」です。正式には「符号理論」と呼ばれる学問であり、抽象数学を使ったものすごく難解な理論です。この頃は、まだ実用化というよりは、理論家が主として数学的な理論研究をしておりました。
ただ、宇宙通信の分野ではわずかに実用化が始まっていました。はるかかなたの宇宙まで飛ばした人工衛星と通信しようとすると、それこそ上記の秘密実験で「ゴォォォー」という騒音の中にかすかに音楽の断片が聞こえる、といった程度の品質で通信しなければなりません。

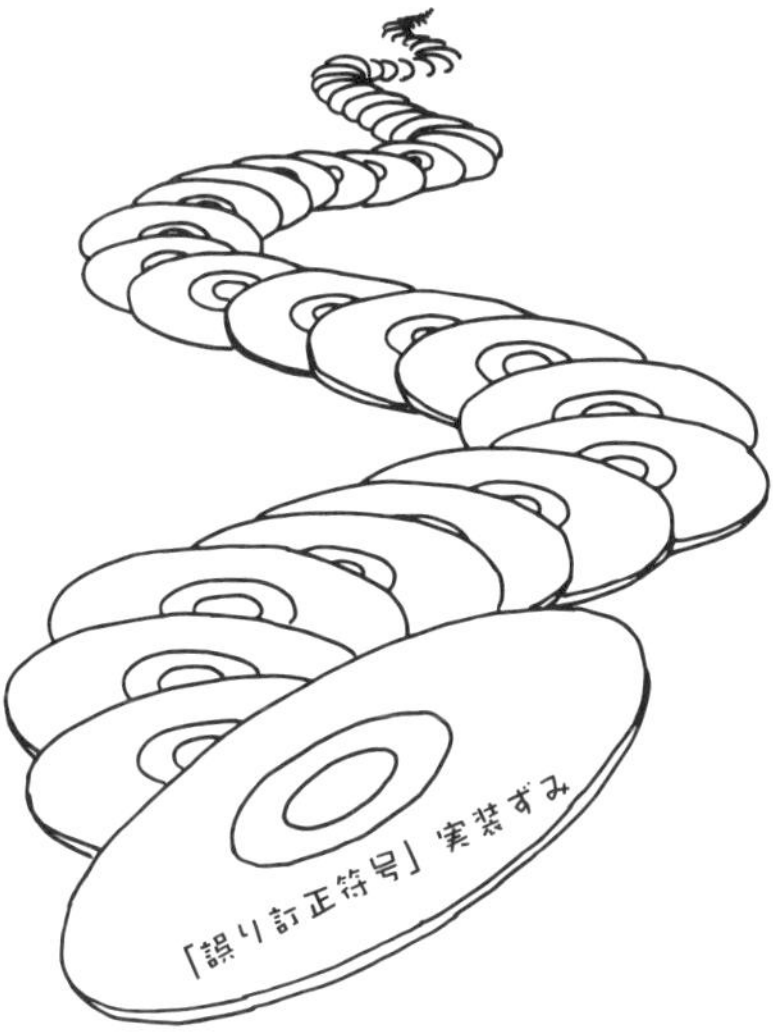

そこで、当時は、それこそ部屋いっぱいくらいのエレクトロニクスを使って「誤り訂正符号」が実装されていました。でも、常識的には、とてもコンシューマー商品で使えるような技術ではなかったのです。

CDは「誤り訂正符号」を実装した最初の大量生産品になりました。

当時、ほとんど理論家の玩具にすぎなかっ

た「誤り訂正符号」の存在を、なぜ私が知っていたかというと、1966〜1969年の間、私は東北大学に国内留学としてソニーから派遣されていたからです。

カラーテレビに出遅れたソニーが、トリニトロンという方式を発明し、他社がやっていないポータブル機から参入しようとしたとき、ネックがアンテナでした。

当時の信号処理技術ではゴースト波を除去できず、アンテナの指向性に頼らざるを得なかったのです。でも、屋根の上に乗っている巨大な八木アンテナを持ってきたのではポータブル機の意味がなくなるので、小型で指向性の強いアンテナを1年で開発しろ、と創業者の井深大さん直々の依頼で私は東北大学に放り込まれました。

結局3年かかりましたが、私はそのアンテナの開発に成功しました。

うがったいい方をすれば、その副産物がCDです。

派遣された研究室はアンテナだけではなく、通信一般を研究していました。そして数人が「符号理論」の輪講をやっていました。私は興味本位に覗いた程度だったので、理論そのものはほとんど理解できませんでしたが、そういう技術があること、それがどういう位置づけになっているかはわかりました。

上記の秘密実験が大失敗した衝撃の中で、私はその輪講のことが脳裏に浮かびました。やたら難しく、やたら複雑で、とてもコンシューマー商品に使えそうもないけれど、この惨状を脱出するには、あれと格闘するよりほかはないな！　これが、上記デシジョン⑤です。

当時のソニーのエンジニアの中で、「符号理論」という技術の存在を知っていた人はおそらく皆無だったでしょう。知ったとしても、普通の状態の私なら、そんな難解な技術と取り組むのは避けるでしょう。

でも、大失敗の衝撃という特殊な状況は、どんなに大変でもこれと格闘するんだ、という悲壮な決意を私にさせるのに十分なプレッシャーになりました。

「符号理論」との格闘は予想通りに大変でしたが、結局このデシジョンがＣＤ成功へのカギとなりました。

考えてみると、ＣＤのプロジェクトが始まる10年も前に、アンテナの研究のために東北大に送られ、そのアカデミックな雰囲気の中で、企業にいたら、まず出会うことがあり得ない「符号理論」の存在を知り、ディスクの品質の劣悪さから「PCM−1」のビデオディスクへの応用実験をたまたま大失敗させ、おまけにデシジョン・ミスをさせ、難解な「符号理論」に取り組む決心をさせる……この複雑な一連の流れがCDを成功に導いたのです。

これに気付いたとき、もう「私がCDを発明しました」とはいえなくなりました。むしろ「はめられた！」と感じました。こんな複雑なことが一分の隙も無く、偶然に進行するということはあり得ません。

たまたま私が役者として選ばれ、「宇宙のシナリオ」に従って、本人の意志や意向とは関係なく、強制的にCDの完成に向かって走らされたのでしょう。

役者として選ばれたのは大変名誉なことですが、私の役割はむしろ小さく、もっとはるかに大きな流れが滔々と流れていたのを感じます。もちろん、CDの完成に向かっては何百人という人たちが、それぞれに大きな貢献をしたのですが、そういう一人ひとりの人間の貢献をはるかに、はるかに超えた運勢の大きな流れです。

人間の貢献をはるかに超えた運勢の大きな流れがある

これを「宇宙の流れ」と呼ぶことにしました。

さて、以上がCDの「符号誤り」にまつわる「宇宙のシナリオ」が、「この世」に漏れていた痕跡です。じつは、CD開発に関しては、これ以外にもたくさんの痕跡が「宇宙のシナリオ」から「この世」に漏れていたのが観察できます。

本章では、その中から、もうひとつだけ例をあげましょう。

さて、東北大でアンテナの研究をし、業界の常識を破って小型でも指向性の強いアンテナの開発に成功した私は、すぐにそれを商品化しました。当時トリニトロンテレビの上にちょこんと乗っていたループ状のアンテナを覚えておられますでしょうか。

アンテナは10年以上売られましたが、そのうちに櫛歯フィルターというのが発明されて信号処理でゴースト波が除去できるようになり、指向性アンテナは不要になりました。

この研究で、私は工学博士号をいただきました（論文博士）。

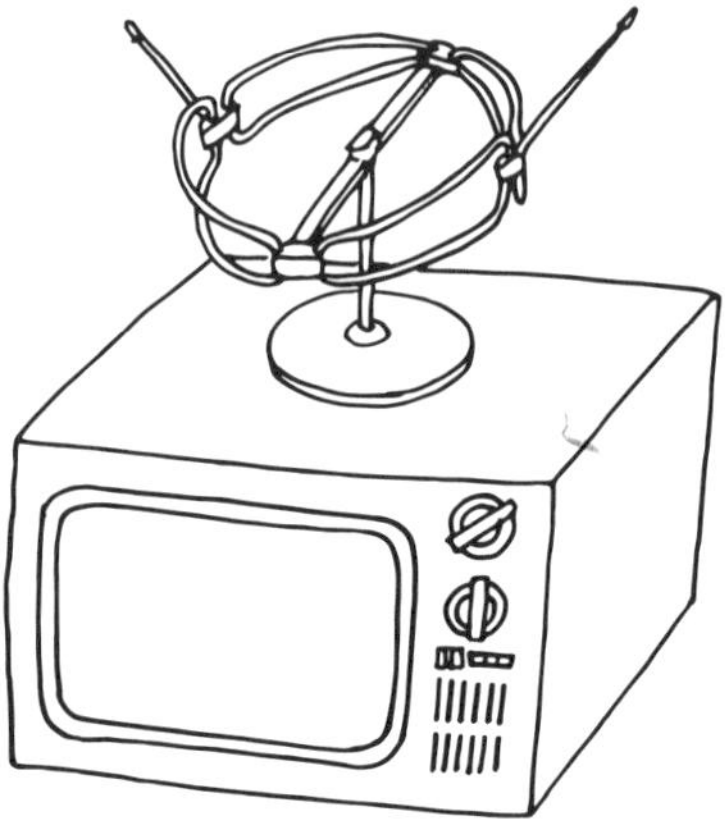

ループ状のアンテナ

アンテナの計算はベッセル関数などというややこしい関数が多く、手計算だと大変です。そこで、当時ソニー唯一の、給与計算などに使っていたＩＢＭ３６０／40を特別に使わせてもらっていました。

いまでいうと、トイレのウオッシュレットに使われている8ビットマイコン程度の性能のコンピュータが、空調の利いた電算室にデーンと据えられていました。まだ半導体メモリーがなく、磁気を使ったコアメモリーでした。

それでも、それまで手回しのタイガー計算機でやっていたベッセル関数の計算が夢のように速くできました。

ちょうどそのころ、電子回路のＩＣ化の流れが始まりました。それまでは、一つひとつのトランジスターをハンダ付けしていたのを、たくさんのトランジスターをひとつの半導体チップの中に実装するのです。

トランジスターの性能は結構ばらつきます。それまでも、一つひとつのトランジスターのばらつきが全体の性能にどう影響するかは問題であり、性能の違うトランジスターを用意して、それを付け替え、実験計画法という手法で全体のばらつきを予想しておりました。

ＩＣ化するとその手法が使えなくなります。しかもひとつのチップの中のトランジスターが全部同じ傾向を持つので、いままでとは全く違った様相になります。

ＩＣ化の流れを前に社長が大号令をかけ、コンピュータ・シミュレーションの大プロジェクトが始まりました。当時は、ソニー全社の中でコンピュータを使えるエンジニアの数はわずかしかおらず、私にお鉢が回ってきました。

いまなら、電子回路のシミュレーターはいくらでも市販されていますが、その当時はすべて手作りです。それをまず作り、現場の製造データからばらつきの統計モデルを作り、最終的に製造されるＩＣが、どういうばらつきになるのか推定するのです。

ちょうど、そのシステムが完成したころにＣＤのプロジェクトが始まりました。「符号誤り」で苦しみぬいていた私は、これもコンピュータ・シミュレーションで何とかならないかと考え、そのチームをそっくり振り向けました。ほとんど同じような統計計算になるからです。

そのとき、ソニーの中でコンピュータと統計計算の両方に堪能なエンジニアは、ほとんど私のチームにいました。

ＣＤが傷や埃にも弱いむきだしのまま、それでも発売以来40年にわたって大過なく皆さんにお使いいただけたのは、明らかにこのシミュレーションのお陰です。当時「符号誤り」のシミュレーションを本格的にやったのは世界の中で私たちだけでした。

これも偶然にしては出来すぎです。

このとき、成功を支えたのはシミュレーションの技術だけではなく、市場に出ていた「PCM―1」のクレーム処理の体験もありました。「PCM―1」は、世界初のデジタル録音機として大評判だったのですが、蓋を開けてみたらユーザークレームの嵐になりました。「符号誤り対策」が不十分だったのです。

ものすごく高価なマシンで、しかも買ってくれたのは熱烈なソニーファンだったので、クレームが来るたびにエンジニアが行って様子を調べました。

その結果わかったのは、「研究室の実験だけで商品を発売してはいけない!」という教訓でした。

研究室では、当然まともなVTRを使います。ところが市場には、とんでもなくトラッキングが不安定だったり、ヘッドとテープのあたりが悪いVTRが山のように出回っていました。それでも何とか映像の録画再生はできるようなのです。おそらく、映像の1フレームくらい乱れても、見ている人は気づかないのだと思います。ところが、音楽の録音では、それが致命的になります。

「PCM―1」のクレーム処理はとても大変で、ほとんど頭を下げることしかできなかったのですが、この苦労がなかったらCDも発売後にクレームの山になっていたでしょう。

CDのシミュレーションには、この教訓を生かしました。「符号誤り」の統計データは、もちろん研究室でとるのですが、単にそのデータを使ってシミュレーションをするのはやめました。

データを統計解析すると、四つのパラメータを使った統計モデルが出てきました。これをそのまま使ってシミュレーションしたら、実験室での実験と同じです。

私は、その四つのパラメータのうち、下位の二つはそのままにして、上位の二つの値を大きく振ってシミュレーションすることにしました。これは数が多すぎて実験的にやるのは、ほぼ不可能ですが、シミュレーションなら自動的に可能です。

どういうことかというと、市場に出ているおんぼろVTRと同じように、研究室で測定したディスクではなく、未知の環境で痛めつけられたディスクについて調べようとしたのです。

振るパラメータを二つに絞ったのは、学問的厳密性には欠けますので論文発表をしたら「コラッ」といわれそうですが、二次元平面で評価ができるという実用的メリットがあります。

ひとつの誤り訂正符号でも、多くのパラメータがあります。そのパラメータを変えたとき、訂正可能領域を二次元平面上でプロットした面積が大きいほど、いろいろな環境に強い符号だ、ということになります。それを視覚的に判断することにしました。

実験でやったら、何年かかってもできないような大量の試行錯誤が、シミュレーションなら、一瞬でできるのです。それを、誤り訂正符号が提案されるごとに実行しました。

もっとも、いまの時代ならこんなことは当たり前ですが、１９７９年当時は、かなり画期的だったと思います。

私たちにとって恵まれていた条件が、じつはもうひとつありました。それは、そういうと申し訳ないけれど、ソニーのディスクの品質が悪かったことです。

このあと、１９７９年からフィリップス社との共同開発が始まるのですが、ディスクの品質はまだ相当な開きがありました。私たちは、その品質の悪いディスクと日夜格闘

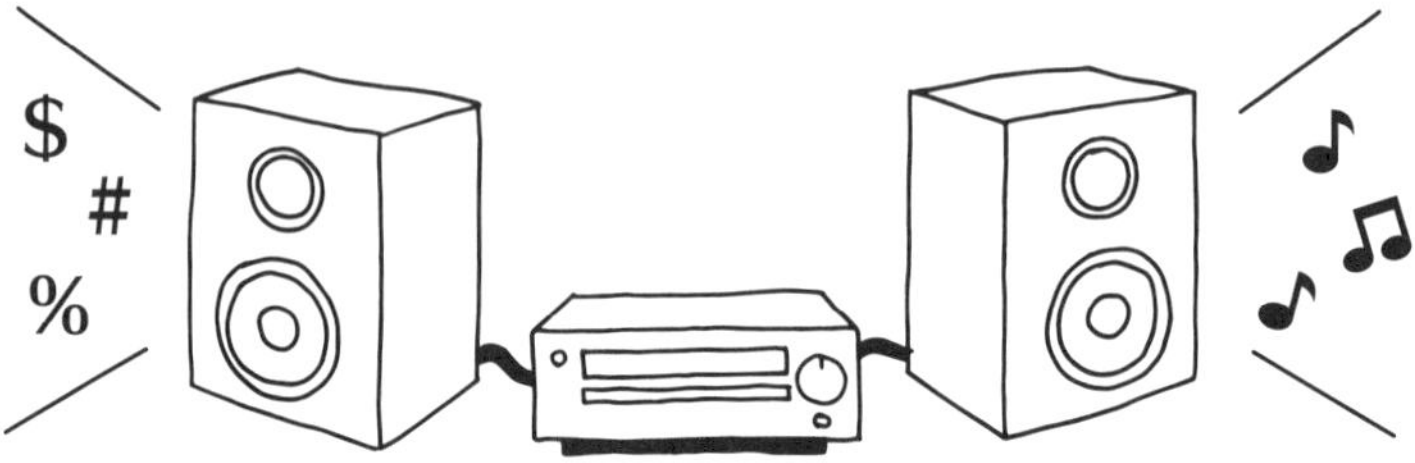

フィリップスのスピーカー　　ソニーのスピーカー

していたので、必然的に強力な誤り訂正符号を開発することになりました。

1980年3月、東京で、最終的なCDフォーマットを決める会議があり、ソニーとフィリップスの「符号誤り対策」が実験的に比較されました。CDの上にチョークの粉をまいたり、机でごしごしこすって傷をつけたりした極端な実験でした。

こんな実験は私たちもやったことがなかったのですが、おそらくコンピュータ・シミュレーションがカバーしてくれたのでしょう。ソニーのシステムは、ちゃんと音楽を演奏しました。フィリップスのシステムは、ほとんど音になりませんでした。

1976年の秘密実験からの悪戦苦闘が実った瞬間でし

た。CDの基本特許はソニーの誤り訂正符号になりますが、私と伊賀章（1949〜2018）との共願です。

さて、コンピュータ・シミュレーションに関連する一連の流れをお話しいたしました。アンテナの計算からコンピュータを使うようになり、その縁でICのシミュレーションをやり、統計に詳しいコンピュータ部隊がそっくりそのまま誤り訂正のシミュレーションを担当し、ユーザークレームの嵐になった「PCM—1」から「誤り対策」の本質を学び、品質の悪いディスクとの格闘から強力な誤り訂正符号が開発できた……という流れです。

こんなことが、たまたま偶然に起きるとは誰も思わないでしょう。かなりしっかりした「シナリオ」があり、それが随所で「この世」に漏れてきているのではないでしょうか。

6 「宇宙の流れ」の読み方とは

前章では、ＣＤの開発をめぐり「宇宙のシナリオ」が密かに「この世」に漏れてきている痕跡に気付いたストーリーをお話ししました。ＣＤ開発がスタートする10年も前から、目に見えぬところで、着々と準備が密かに進んでいた様子をご理解いただけたでしょうか。

もちろん、その全部が「偶然だよ！」といわれても論理的な反論はできないのですが、これほど複雑で精密な出来事が、ＣＤ開発に向かって着々と準備されたのが、まったくの偶然というのは、到底信じられません。

相当にしっかり書かれた詳細な「宇宙のシナリオ」があり、選ばれた役者（天外）は何も知らずにそのシナリオに乗せられていった、というのが、後から振り返った私の正直な感想です。

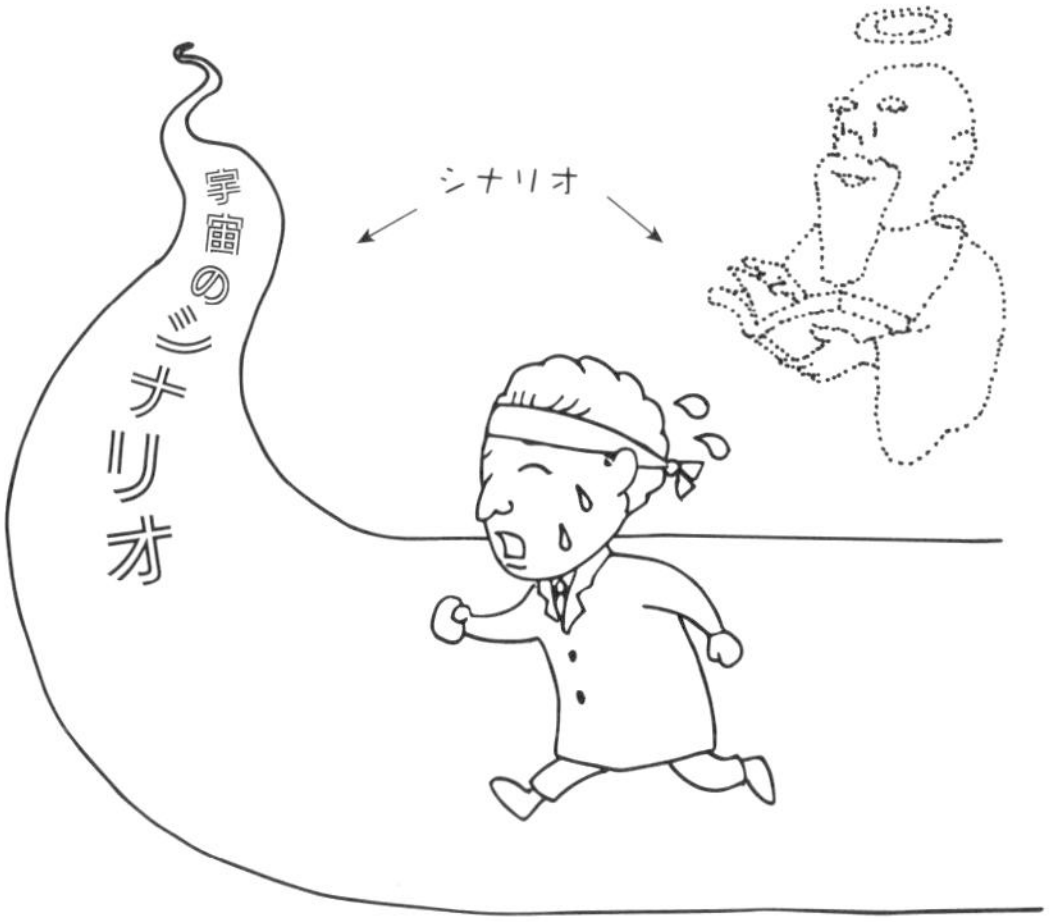

ここでいう「宇宙のシナリオ」というのは、まえがきや1章で述べた「おみくじ」あるいは「易占い」とは、大きく違うことにご注意ください。

同じように、目に見えない「宇宙の流れ」のことをいっているのですが、「おみくじ」は大吉から凶までの何段階かの運勢、「易占い」は64の宇宙の状態を定義し、いまはそのどの位置にいるのか、次はどの状態になるかを占うだけです。どちらかというと静的であり、動きは次の状態だけです。優秀な易者なら、シナリオまで読んでくれるでしょうが、それは彼の直感であって、卦そのものではありません。

それに対して「宇宙のシナリオ」は、はるかに複雑なストーリー性と意図をもって、ダイナミックに、背後から運勢を操っているように思われます。

前章は、そういう「宇宙のシナリオ」が確かに存在することを皆様に納得していただくために、昔話を長々と語らせていただきました。もちろん、私の肌感覚を言語でお伝えする限界はあると思いますが、私がこの「宇宙のシナリオ」の存在を発見したときの驚きと感動を少しでも感じていただければ幸いです。

1章から5章までのストーリーを整理します。

宇宙には、目に見える「この世」の背後に、目に見えない「あの世」が隠れており、時間・空間だけでなく「宇宙のシナリオ」までもが畳み込まれています。

もし、「あの世」に畳み込まれた未来が、フーリエ変換と同じように確定的だったら、本書のテーマである「宇宙の流れに乗る」というのは、まったく無意味になりますね。乗るも乗らないもなく、「あの世」で定められている未来に沿って、いやも応もなく「この世」では進行してしまうからです。

「宇宙のシナリオ」からはずれると大変！

私はそうではなく、次のようになっていると考えております。

「あの世」には強力な「宇宙のシナリオ」が畳み込まれています。私たちは、その通りに行動するか、それから外れるかを選択する自由があります。その通りに行動すれば、人生はとてもスムースに行くし、それから外れるとあらゆることが裏目に出て、ギクシャクします。

おそらく皆さんも、あらゆることがトントン拍子にうまくいくときと、ことごとく裏目に出てギクシャクするときを経験しておられるのではないでしょうか。それをあなたは、おそらく運勢が「いい」、「悪い」と一喜一憂し、受動的な話で片づけてきたでしょう。

でもそれは、「宇宙のシナリオ」に乗っているときと、はずれているときの違いだったのかもしれませんね。それは、「おみくじ」の運勢と違って受動的ではなく、本当は自分でコントロールすることも可能です。それを、これからお話しします。

5章で紹介したCD開発ストーリーでは、私はそうとは知らずに、たまたま「宇宙のシナリオ」に乗れたのでしょう。乗れたからこそ、CD開発という偉業を達成できた、あるいはもっと正確にいうと、「あの世」にあったCDをうまいこと「この世」に持ってこれたのだと思います。

でも、たまたま乗れました、では単なる報告に終わり、次につながりません。本書を企画したのは、「宇宙のシナリオ」の存在を確信し、どうやったらそれが読めるのか、どうやったらそれに乗れるのか、その後私自身が探求してきたので、それを皆様にお伝えするためです。

本章から先、「宇宙の流れ」はどうやったら読めるのか、どうしたら乗れるのか、逆に乗れないのはどういうときか……などをお話ししていきます。

天外はすでに18年にわたって「天外塾」を主催し、1000人以上の優秀な塾生を世に送り出し、「宇宙の流れに乗る生き方塾」というセミナーも開講しております。現時点では、かなりのノウハウを蓄積しているといえます。その要点をこれからお話ししましょう。

「あの世」に畳み込まれた「宇宙の流れ」は、どうあがいても見ることはできません。見ようと思ったら「この世」に持って来ないといけないのですが、どうしたら持ってこられるでしょうか。

「周波数スペクトラム」を「この世」の音楽に変換しようとすると、たくさんの発信器をつながなければいけないという話をしました（4章）。それぞれの発信器は一定の大きさの純音を出しています。つまり、時間とともにサインカーブで変化する波を出しているのです。

時間のない「あの世」に畳み込まれた「宇宙のシナリオ」を、時間のある「この世」に変換するためには、必ず時間とともに変化する何かを持ち込まなければいけません。

一番手っ取り早いのが、あなた自身が動くことです。

動きというのは、時間とともに変化することであり、「この世」にしかありません。そうすると、「この世」の裏側にへばりついていた時間のない「あの世」が、引きずられて「この世」に出てくるのです。

そして、その動きが「宇宙の流れ」にサポートされているかどうか、注意深く観察するのです。サポートされていたら、それは「宇宙のシナリオ」通りだし、ギクシャクしたら外れている、と判断できます。

ここで注意しなければいけないのは、この動きはあくまでも「宇宙のシナリオ」を探るため、調査のためであり、一大決心をしてそちらに行こうとか、何かを達成するための動きとは違うことです。だから固執しないで、ダメならさっさと引き上げることが大切です。

創業期のソニーは、そうとは知らずに、これをとても上手にやっていたことがわかります。前章から引用します。

ソニー語録１「本当に面白そうなことを思いついたなら上司に内緒で実行しろ！」

ソニー語録２「失敗したら、闇から闇に葬れ！」

ともかく気軽に始めて、気軽にやめることです。そして感覚を鋭敏にして、この行動が「宇宙のシナリオ」にサポートされているか、そうではないか、判断をしなければいけません。

そのときの判断基準のひとつが、１章でご紹介した「共時性」です。「共時性」がポンポンきて、偶然の幸運に次々に恵まれるようなら、「宇宙のシナリオ」に乗っていると判断できます。

ただし、ご注意いただきたいのは、よく観察すると、日常生活では「さざ波」のような小さな「共時性」が頻繁に起きていることです。その「さざ波」は、いろんな方向へチャプチャプと流れており、それにとらわれていると、逆に「宇宙のシナリオ」を見失います。「宇宙のシナリオ」にともなう「共時性」は、波でいえば、かなり「大きなうねり」です。

スピ系の若者の中には、この「さざ波」に一喜一憂している「共時性過敏症」のような方を結構お見かけします。インディアンの集会に出ると、サポーターの白人のスピ系の若者が大勢集まっていますが、多くが「共時性過敏症」に陥っており、長老たちのジョークの種になっています。

この「さざ波」と「大きなうねり」とを上手に見分けることが、「宇宙のシナリオ」を読むコツです。いずれにしてても、まずあなたが動かないと「共時性」も働きません。

「共時性」の正反対が「不本意な出来事」ですね。「宇宙のシナリオ」からはずれてギクシャクしてくると、「不本意な出来事」に次々に見舞われます。それは、外れていますよ、というサインとも考えられます。

ちょっと動いてみて、「不本意な出来事」が次々来るようなら、その動きは「宇宙のシナリオ」から外れている、と判断できます。

「宇宙のシナリオ」に乗っているかどうかを判断する、もうひとつの指標が「身体感覚」です。私は「身体智」という言葉を使っておりますが、人間の身体は宇宙の叡智をすべて把握しております（天外『無分別智医療の時代へ』内外出版社、２０１７年［6］）。

あなたの意識は「あの世」から切り離されており、「宇宙のシナリオ」にはアクセスできないのですが、身体はちゃんとつながっており、「宇宙のシナリオ」にうまく乗れていないことを身体的不調として知らせてくれます。それは、ちょっと頭が重い、腹具合が悪い、だるい、やる気が出ない、といった軽い症状から、本格的な病気やうつ病などの

重い症状まであります。

行動に出たら、それが身体感覚として
どのようにフィードバックされているか、
注意深く観察しましょう。

「動き」が「宇宙のシナリオ」に乗って
いるかどうかの判断指標

①共時性
②不本意な出来事
③身体感覚

さて、ここでちょっと話題を変えます。

「ティール組織」という言葉をご存じで
すか？　F・ラルーが、まったく新しい

企業経営の方法が出現してきたのを発見し、本にまとめました。日本では2018年10月に発売になり、10万部を超すベストセラーになりました。

F・ラルーは、2019年9月に来日、その9月14日の講演を清水直樹さんが要約してくれました。

「・組織の目的の前に、人生の目的が大事。私の人生の目的の話よりも、最も重要なのは、皆さんがこの話を聞いて、何が心に響いていくか？　が大事。自分にとって何が真実なのか？　だから私の話に異を唱えるのも自由

・人生の目的があるんだと理解するまでに時間がかかった。子供の頃は優等生だったが、反対の意味では、人から期待されていることだけを学んできたといえる。私は一体何なのか？　ということに疑問を持つことがなかった。学校を出たとき、幸せだったが、自分の人生は何のためにあるのかは知らなかった

・マッキンゼーに入って楽しんではいたが、この仕事にどんな意味があるのかを考えていた。既に利益を上げている会社をさらに稼がせる仕事をしていたが、自分の人生に何も響かなかった

・33歳くらいの頃、大企業の人たちが会社の中で仮面をかぶっているのを見て、企業の中で人が自分を表現できるように支援するコーチになろうと思った。自分の人生の目的を見つけた、と思った

・でも、それから4年後。２０１１年の春。何が原因かわからないけど、すごく寂しい、悲しみに襲われてエネルギーがなくなった。その時、私はこれ以上、オレンジ型組織への仕事を続けることが出来ない、と分かった

・その時、私が今できる最も意味あることとは何だろうか？　と自問した。私の人生の目的は何か？　ではなく、たった今この瞬間において何をすることが意味があるのか？

・その答えが、ティール組織という本を書くということだった。私がこの本を書こうとしたのではなく、この本が私に書かれることを選択したのだと感じた

・自分が目的を発見するのではなく、目的が自分を発見できるように大きな空間を開いておくことが大事。組織も同じで、リーダーの役割は戦略を明確にすることではなく、私が個人的にやったように、この組織がどこにいきたがっているのか？　という声に耳を澄ますこと

・傷が後からの才能になる。子供の頃、いじめられていた時があったが、その経験がも

とで、人を観察することを学んだ。それがなければ、「目的」という言葉を使うことが出来なかったと思う（F・ラルー：要約by清水直樹）」

https://org-map.com/teal-journey-campus-report/

講演の全貌はユーチューブで無料公開されています（https://youtu.be/nPNqJzzG_Js）。

この講演を聞けば、F・ラルーが「宇宙の流れ」を意識し、それに乗っていく人生を選んでいることがよくわかります。二度程「宇宙のシナリオ」から外れていることに気付き、修正しています。一度目はよくわかりませんが、二度目は明らかに上記③の身体感覚で判断しております。

そして、『ティール組織』という本を書くに至った様子を次のように表現しております。

私がこの本を書こうとしたのではなく、この本が私に書かれることを選択したのだと感じた。

これは、一見すると禅問答のような、おかしな表現ですね。本に意思があるわけはなく、

F・ラルー

F・ラルーに向かって「おい、おまえさん。ひとつ俺を書いてみないか……」などといったとしたら、もう漫画です。

でも、本書のスタンスでは、「宇宙のシナリオ」が、F・ラルーが『ティール組織』という本を書く、と決めており、F・ラルーがそれにうまく乗れて、あまりにもスムースだったので、とても自分の意思や努力とは思えなかった、と解釈できます。

これが「宇宙の流れ」の神髄です。

清水さんの要約には含まれておりませんが、F・ラルーのスピーチには次の表現もありました。

「自分自身を〝人生〟にあけわたし、〝人生〟が私に何をしてほしいのか耳を澄ませると、人生は簡単になる」F・ラルー

これも「人生」を擬人化し、人生が私にして欲しいことを伝えるという、とてもドラマチックな書き方ですね。上と同じように、自分の意思や努力とは無関係に、ひたすら「宇宙のシナリオ」に書かれている通りに生きる、ということを表現しております。

ここで「あけわたし」という言葉が使われています。これは「宇宙の流れ」に乗るコツのひとつです。これについては7章でお話しします。

2019年9月の日本訪問で、F・ラルーは「ティール組織」に関する活動を終了しました。本を出版し、情報を補うためにその後130本に及ぶビデオレターを発行し、後輩も育ったので、もうやり切った、という感じのようでした。

その後、「ティール組織」と同じ発想で国の行政組織の改革に取り組みましたが、「共時性」がほとんど起きず、こちらの方向ではないと悟りました。本章でお伝えしている通り、F・ラルーはまず動いてみて、それが「宇宙のシナリオ」に沿っているかどうか、注意深くチェックしている様子がよくわかります。

それから彼は、環境問題に取り組みました。こちらは、スタート直後から「共時性」の連続であり、こちらに行こうと決心されました。「宇宙のシナリオ」がしっかり読めたのです。そのうちに、彼の環境問題に対する取り組みが世の中に知られるようになるでしょう。

7　努力は必ず失敗する――奇跡を呼ぶ「あけわたし」

前章のＦ・ラルーの言葉を、もう一度載せます。

「自分自身を〝人生〟にあけわたし、〝人生〟が私に何をしてほしいのか耳を澄ませると、人生は簡単になる」Ｆ・ラルー

じつは、この禅問答のような言葉は、表現は違いますが「宇宙の流れに乗る生き方」とまったく同じ意味です。これが腹に落ち、実行できれば、本書でお伝えしたいことは全部含まれております。

でも、この一見意味不明な言葉は、奇妙に人の心を魅了しますが、腹に落ちるところまで行く人は多くはないでしょう。以下、詳しく解説し、実例を見ていきましょう。

「あけわたし」というのは、浄土真宗、浄土宗、キリスト教などの救済宗教でよく使われる言葉です。英語では「surrender」といいます。阿弥陀如来、神様などに、すべてをゆだねて、自らをあけわたすことをいいます。

真宗では「南無阿弥陀仏」と唱えているうちに「あけわたし」を達成して、悟りを開いた人を妙好人と呼んでいます。

幕末から、明治初期にかけて多くの妙好人が発掘され、紹介されています（たとえば、鈴木大拙『妙好人』法蔵館、1976年、原著は1948年［7］）。

浄土真宗、浄土宗は「他力の教え」を説いています。一般に「他力本願」というと、自ら努力しないで、人まかせ、成り行きまかせで、うまくいくことを願うだけで、ほっぽらかしてしまうという、ネガティブな意味で使われます。

「他力の教え」はそれとは違います。阿弥陀如来が「私が仏になるときが来ても、すべての人が救われるまで仏になりません」と、救いの具体的な内容を詳しく48もあげて請願し、それが成就した、というストーリーがベースになっております。

だから衆生は、その請願成就を信じ、ひたすら「南無阿弥陀仏」と称え、「自らのはからいを排し」、すべてを阿弥陀如来にゆだねればいい、という教えです。

いちいち七面倒くさい仏教教義を学ばなくても、ただ「南無阿弥陀仏」と称えればいい、という手軽さが受けてとても広く布教が進みました。

この「阿弥陀如来にゆだねる」というのが、「あけわたし」です。F・ラルーは、「人生」という抽象的な対象に「あけわたし」をしましたが、「他力」では具体的な阿弥陀如来という仏様をイメージして、その請願成就を信じて自分自身をあけわたしましょう、といっているのです。

ここで大事なのは、「自らのはからいを排し」というポイントです。「ああしたい」、「こうしたい」、「こうなったらいい」などの表面的な欲求が、すごい勢いでこみ上げている間は「あけわたし」にはなりません。

これは、意外に難しいのです。私たちの日常生活は、こみ上げてくるものすごい量の欲求を、あるいは抑圧し、あるいは表に出して選別して生きています。その大部分は、エゴから出てくる執着であり、「あけわたし」の邪魔になります。

「他力」でいう阿弥陀如来の請願は、悪行の限りを尽くし、煩悩だらけの衆生でも、分け隔てなく救う、というのがミソです。「悪人正機説」といって、悪人ほど救われる、とまでいっております。

そうすると、エゴも執着も強いことを前提としており、その中でどうして「自らのはからいを排し」というのが実行できるのでしょうか？

「他力」の素晴らしいところは、

「あなたは、どうせ煩悩にまみれ、執着が強く、悪行の限りを尽くしてきた悪人でしょう。でも、安心しなさい。そんなあなたでも、阿弥陀如来はちゃんと救ってくれますよ。そのためには、ただひたすら南無阿弥陀仏と称えなさい」

……と説いているところです。つまり、「煩悩を減らしなさい。執着を捨てなさい」とは一切いっておりません。

じつは、煩悩を減らそうとすると、それは抑圧なので、かえって無意識レベルでモンスター化してしまうことが最近ではわかっています（2章）。

「他力」ではまず、「あなたは、いまのままでいいですよ。変わる必要はありません」というメッセージを出して、モンスター化の危険性を防いでいます。それと同時に安心させて、「あけわたし」をしやすい雰囲気を作っています。

次に、煩悩だらけ、執着が強い中で、いかにして「自らのはからいを排して」という心境に行くか、という疑問ですが……。

その秘密が「南無阿弥陀仏」というマントラです。

マントラを称えるということは、軽い瞑想に入ることであり、大脳新皮質の働きを弱め、意識レベルの活動が低下します。毎日々々、ものすごい回数、マントラを唱えていれば、やがて、あまり欲求が意識に上ってこなくなる日が来るでしょう。これは「南無阿弥陀仏」以外のマントラでも、同じ効果が得られます。

つまり、「他力」は「あなたは、いまのままでいいですよ。変わる必要はありません」といっておきながら、じつは少しずつ変わる方法論を提供しているのです。

これは、たとえ阿弥陀如来という仏様の働きが皆無だったとしても、「他力」の方法論は「自らのはからいを排し」、自分自身を「あけわたす」という仕掛けがしっかりと組込まれていることを意味しております。

ただし、それだけで多くの人が「あけわたし」を達成できるかというと、極めて疑問です。妙好人というレベルに達するためには、やはり強烈な信仰心が不可欠でしょう。

自分は嘘もつくし、嫉妬もするし、悪いこともする、決して聖人君子ではない、それにもかかわらず阿弥陀如来は自分を救ってくれる。なんて有り難いことだ……有難や！　有難や！　……というのが妙好人の心境です。

ですから、妙好人は宗教的法悦状態にあり、彼らが書いた詩には「ありがたい」、「かたじけない」、「ごおん」などの言葉が満ち溢れています。

以上が、私なりに解釈した妙好人の秘密です。

伝承から判断すると、妙好人たちは「宇宙の流れに乗る生き方」ができていたと思われます。

ちょっと宗教的な文脈からは離れますが、「他力」の教えは、とても巧妙に、精密に設計された意識の変容のための方法論だ、ということが心理学的な考察からよくわかります。

このことから、「宇宙の流れに乗る生き方」のための、ひとつの道筋が明らかになりました。

「自らのはからいを排し」、「あけわたし」ができれば、「宇宙の流れに乗る生き方」が

できます！

「他力」の教えは、本書でお伝えしようとしている内容を全部含んでおります。読者も、あれこれ考えないでマントラを死に物狂いで称えれば、「宇宙の流れに乗る生き方」ができるようになるでしょう。

でも、浄土真宗、浄土宗の信者はものすごく大勢いるのに、妙好人まで行きついた人はごくわずかしかいないことも注意が必要です。

繰り返しになりますが、「宇宙の流れに乗る生き方」まで行きつくには、強烈な信仰心のもとに、桁外れに多くの回数マントラを称える必要があります。その信仰心を支えるのが、阿弥陀如来の請願成就というストーリーであり、「南無阿弥陀仏」というマントラでしょう。

そこまで行かないと「あけわたし」はできません。「自らのはからい」＝「エゴから出てくる欲求」にからめとられてしまうでしょう。

以上の考察から、「宇宙の流れに乗る生き方」を妨げている、ひとつの要因が明らかに

「自らのはからい」が「宇宙の流れに乗る生き方」の妨げになっている

なりました。

「宇宙の流れに乗る生き方」を妨げている、ひとつの要因は「自らのはからい」です。

上で述べたように、「ああしたい」、「こうしたい」、「こうなったらいい」などの、こみあげてくる欲求が、すべて「宇宙の流れに乗る生き方」の妨げになっているのです。

それだけではありません。私たちは、幼少期から「しっかり目標を定め、それに向かって懸命に努力しなさい」、「夢を持ちましょう」という指導を受けて育ってきております。これは、まぎれもなく「自らのはからい」につながります。

さらには、「努力」、「頑張り」、「向上意欲」など、いまの社会で最大の美徳と思われていることもすべて「自らのはからい」に入ります。

私たちは、いままで「目標や夢」を持ち、努力と頑張りで能力を向上させ、成果を上げ、いまの地位を築いてきました。

それらが全部「自らのはからい」であり、あなたが「宇宙の流れ」に乗る妨げになっているというのは、驚愕の事実でしょう。いままで、こうあるべきだ、と教えられ、社会的に美徳と思われていることばかりだからです。

これは、あまり意識されていませんが、「他力」の教えというのは、いまの社会が推奨している人としての生き方とは、ほぼ正反対なのです。

「宇宙の流れに乗る生き方」というのも、「他力」と同じ方向性を持っておりますので、当然、社会の常識と正反対です。

ということは、いままであなたが教わってきた生き方、「努力して目標を達成する」ということをいくら実行しても、社会的な地位は獲得できたとしても、妙好人にはなれないし、「宇宙の流れ」にも乗れません。

本書でお伝えしようとしていることは、社会常識と真逆であり、あなたがいままで教わってきたことを全部捨てないといけない、ということをまずご理解ください。

蛹《さなぎ》が蝶になる、という例でお話ししましょうか。蛹というのが、いまの皆さんの意識状態であり、蝶というのが妙好人、もしくは「宇宙の流れ」に乗れるようになった人というアナロジーです。

蛹が蝶になる、というプロセスは、いわば神様が書いた「宇宙のシナリオ」ですね。このシナリオ通りに生きれば、固まっていた蛹に羽が生えて、大空にひらひらと飛んでいけるようになります。これが「宇宙の流れに乗る」という状態です。

でも、全部の蛹が蝶になれるわけではありません。「宇宙のシナリオ」に乗り損なう蛹もいるわけです。

これはたとえ話で、現実とは違いますが、目標や夢を作って、懸命に努力している蛹は「宇宙のシナリオ」には乗れない、と想像してみてください。

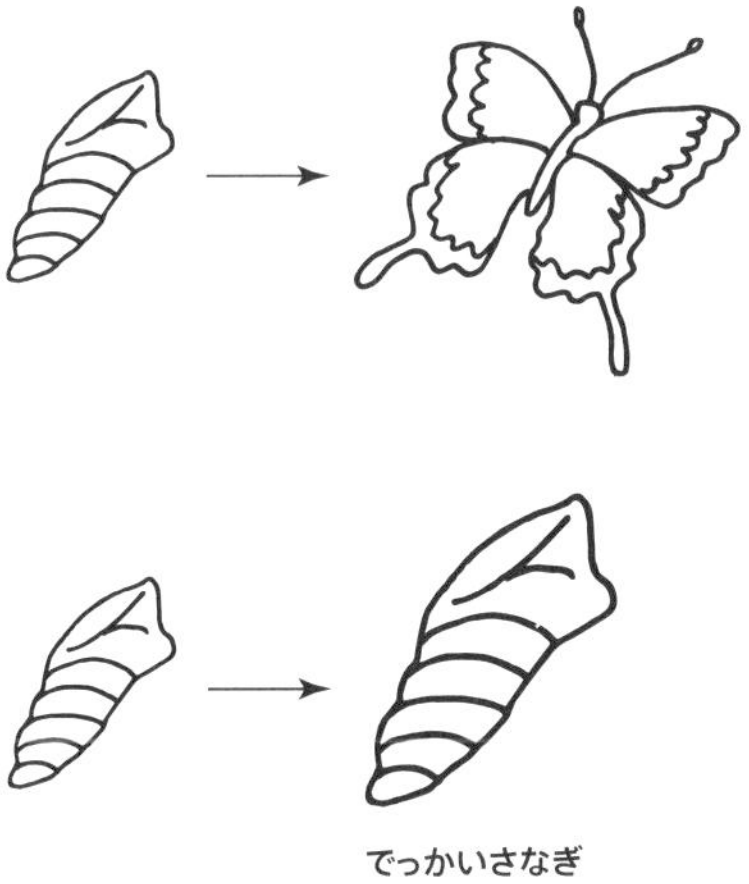

「目標に向かって懸命に努力」をする蛹は蝶になり損なう！

なぜ乗れないかというと、まず蛹の時代には蝶を想像することはできず、作った「目標」は「でっかい蛹」にしかすぎません。だから、すごい努力をすれば「でっかい蛹」にはなれるかもしれませんが、金輪際、蝶にはなれないのです。

このとき蛹から「でっかい蛹」になるというのは、いわば自分のエゴが造ったシナリオであり、神様が造った「宇宙のシナリオ」とはコンフリクトが起きています。だから、努力すればするほど、「宇宙のシナリオ」から外れて、違う方向に行ってしまうのですね。

世の中では「努力は必ず報われる」といいますが、この場合は真逆です。

努力は必ず失敗する

努力する代わりにどうすればいいかというと、それが冒頭に記した「あけわたし」です。一切の「自らのはからい」を捨て、じたばたするのをやめて、「どうにでもなれ！」と、

結果に対する執着を手放すのです。

いままで、宗教以外でこのようなことを説いている例は少なく、社会の一般常識から大きく外れるので、戸惑われた方もおられるかもしれません。

　あなたはいままで、「目標を作って努力をする」という生き方しか知らず、それが正しいと信じ、疑ったこともなかったでしょう。ときには目標がしっかり作れなかったり、中々努力ができずに焦ったかもしれません。

　でも、社会の中で、これほどまでに確立している「目標を作って努力する」という生き方が、はたして誰にとっても本当にふさわしいのでしょうか。それが、絶対的な真理なのでしょうか。

　深く探求していくと、必ずしもそうではないことがわかってきます。

「目標を作って努力する」というのは、「戦士の人生」です。

いま、人類社会は全般的に「戦士の社会」を営んでおり、ほとんどの人は「戦士の人生」を歩み、「目標を作って努力する」というガイドラインに従っています。

つまり、社会全体が、誰も「宇宙の流れ」に乗れないような構造になっているのです。

戦士の人生！

どういうことかというと、いまは人類の大多数が「シャドーのモンスター」を源とする「戦う力」を推進力として人生を歩んでいます（2章）。「シャドーのモンスター」からは「怖れ」、「不安」、「自己否定感」などの情動がこみ上げてきます。

これは、前に進むための強力な推進力になり、人は、それを克服するために行動するのですが、そのひとつのパターンが「目標を作って努力する」という行動です。これは

天外伺朗
「自己否定感」
怖れと不安からの解放
新・意識の進化論
The New Stage of Human Consciousness
人生を豊かにするために必要な
「希望の光と指針」を見出す案内書
世界の変化を味わうためには
「わたし」自身を知ること。

『自己否定感』（内外出版社、２０２１年）

「戦う力」を推進力とする「戦士の人生」になり、そういう人が多ければ全体として「戦士の社会」となります。

そうすると、全般的に活気のある社会になり、経済活動が盛んになり、ＧＤＰが上がります。しかしながら、同時に紛争や戦いの多い競争社会にもなります。

詳しく見ていくと、「目標」というのは、そこはかとない「不安」を克服するために掲げるものだし、「努力」というのは「このままではいけない」という「自己否定感」に根差しています（『自己否定感』内外出版社、２０２１年［８］）。

いまは、大部分の人が「戦士」であり、「シャドーのモンスター」を推進力に使っているため、「目標に向かって努力する」のが、あまりにも当たり前で、あたかも人間にとって基本的なあるべき姿のように思われていますが、じつはそうではなく、使っている推進力の性質から出てくるのです。

『融和力』
（内外出版社、２０２２年）

ハイブリッドカーには、ガソリンエンジンとモーターと、二つの推進力があるように、人間にも推進力が二つあります。そのひとつが「シャドーのモンスター」であり、これがガソリンエンジンに対応している、としましょうか。

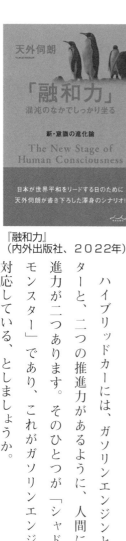

もうひとつの、モーターに対応する推進力が「真我」です（2章、冒頭の口絵「モンスター図」参照）。「真我」の基本特性は「無条件の愛」ですが、そこから生み出されるパワーを「融和力」と名付けました（『融和力』内外出版社、２０２２年［9］）

こちらの推進力で走っているときには、無我夢中で何かに取り組む「フロー」が主になり、「楽しい」、「ワクワクする」などがベースになります。したがって、歯を食いしばって努力する、というパターンからは解放され、「目標に向かって努力する」という生き方ではなくなります。当然、「自らのはからい」が少なくなり、「あけわたし」に近づきます。

ほとんどの人が、ガソリンエンジン（シャドーのモンスター）で走っておりますが、

『実存的変容』
（内外出版社、２０１９年）

ときどきはモーター（真我）も回っています。それが、モーターだけでも走れるようになることを、心理学の用語で「実存的変容」といいます。

じつは、「宇宙の流れ」に乗れるようになるということと、この「実存的変容」は、ほとんど同じことです（『実存的変容』内外出版社、２０１９年〔10〕）この本では、不思議に運がよくなった人の例をいくつか書いております。

妙好人も、会ったことはないのでよくわかりませんが、伝聞から推定すると、ほぼ同じではないでしょうか。

天外塾では、18年間にわたって塾生の「実存的変容」をサポートしてまいりました。その中から「宇宙の流れ」に乗れる人、「妙好人」に近い人がたくさん誕生しております。本書は、その18年間にわたって磨きをかけてきた知見を、皆様にお伝えするために企画されました。

「あけわたし」というパターンで「実存的変容」を遂げた方は結構いらっしゃいますが（不

思議に全員女性、「あけわたし」以外の「実存的変容」のパターンもたくさんあります）、プライバシーの関係で公表できない方も多く、キリスト教の熱心な信者もいらっしゃいます。おそらく、神とか阿弥陀如来などの対象があった方が、「あけわたし」がしやすいのだと思われます（浄土真宗、浄土宗の信者は、いまのところおりません）。

その中で、これからご紹介する深澤里奈子さん（以降リナリナと呼びます）は、宗教とは無関係で、しかも公開するお許しを得ております。

リナリナは、２０１５年10月から始まる天外塾を受講されましたが、その時点では老舗温泉旅館「ふかざわ」の女将でした。ミシュランに二年連続で載るほど、腕のいい料理人がいたのですが、職人特有の頑固さや言葉使いが合わず、フロアスタッフとの紛争が絶えませんでした。リナリナは、その内部の紛争が嫌で、何とかしたい、というのが最初の訴えでした。

「宿泊するお客さんには、ココロとカラダを整えていただきたいのに、内部のスタッフがもめていたら、癒しが提供できないのではないか」

天外塾では、こういうときには「天敵瞑想」（次章で説明します。この当時は「感謝の瞑想」と呼んでいました）を実施します。頭で考えて、論理的に解決を図るのではなく、どういう結果になるかを手放して、天にゆだねてしまうのです。つまり、この瞑想法は「あけわたし」の基本となります。

瞑想を始めてしばらくすると、知人の紹介でF夫妻がやってきました。これから淡路島で宿泊施設をやる計画があるので、旅館のオペレーションを四か月間実習させてくれ、というのです。リナリナはパパには皿洗いと風呂掃除、ママには接客をお願いしました。

翌月の天外塾で、F夫妻の名前を聞いて驚きました。お会いしたことはなかったけれど、自然食の世界で名が知られたご夫妻だったからです。このタイミングでリナリナのところに、このような人が、アルバイトで来るというのは奇跡です。

F夫妻の息子さんは天外塾の塾生で、料理人として有名でした。おまけに、そのとき息子さんとあるイベントを企画中でした。

原宿に月心居という精進料理のお店があり、「ほんまもん」というテレビドラマの料理指導をしたことで世に知られ、予約が取れないほど繁盛していました。ご主人は、その大繁盛の真っただ中で店をたたみ、アメリカに行きましたが、10年ぶりに帰ってきたのです。そこで、F夫妻の息子さんと一緒にそのご主人の精進料理を食べる会を企画していたのです。

私は急遽その会を、リナリナのところでやることにしました。期日は翌年4月9日。F夫妻の実習は1月末までの予定であり、残念ながらパパもママもいないね、といっていたのに、「共時性」が働いて、結局F夫妻と息子さんと親子三人揃ってこのイベントを実行することができました。

この後で述べますが、2月からリナリナの旅館はリトリートとして再出発しましたので、このイベントはその開店祝いになりました。

F夫妻がリナリナのところに来たという話を聞いて、私は「共時性」が働いており、リナリナがすでに「宇宙のシナリオ」に乗り始めていることがわかりました。シナリオに何が書いてあるかはわかりませんが、ともかく乗って前に進むことだけを応援すればいいのです。

リナリナは、瞑想を続けていくうちに、自分は旅館をやりたくないんだ、ということに気付いてしまいました。おばあちゃんの代から、食事と温泉で売ってきた旅館で、とても繁盛していたのだけれど、自分がやりたいのはこれではない、というのです。

このときは、まだイメージがはっきり固まっていなかったのですが、宴会をやって、お酒を飲んで、温泉に入ってリラックスしてもらうというより、いろいろなワークをやって、身体も心も根本的に変容するようなリトリート中心の宿にしたいという思いが強かったようです。

年末にちょっとしたトラブルがあり、リナリナは料理人を呼び出しました。ところが、トラブルのことを言おうとしたリナリナの口からは「私はもう、旅館はやりたくない」という言葉が出てきてしまいました。

リナリナにいわせると、「頭で考えていたこととは違う言葉が、腹から湧き出してしまった」そうです。

料理人は驚いて、「それって、私たちは馘《くび》ってことですか？」と聞いてきました。リナリナも驚いたそうです。

そこまでは考えていなかったからです。でも、よく考えると、その通りなので、「そ、そうです」と答えました。

翌2016年1月4日、料理人がリナリナのところに来ました。年末にいわれたことが、本当かどうか聞きに来たのです。彼としても信じられなかったのでしょう。このときもリナリナは、頭で考えたことではなく、腹から思いもよらない言葉が出てきて、旅館をやめて、来月の3日から、リトリートとしてオープンする、と宣言してしまいました。実質上、三人の料理人を馘にしたのです。

これがいかに無謀なデシジョンだか、おわかりいただけますでしょうか。料理と温泉が売りの旅館で、すごく繁盛していたのに、次の料理人の当てがないまま、料理人を馘にしてしまい、一か月後にリトリートとして再開する、というのです。

このときのリナリナの心境は、表面的には不安で、どうなるか心配だったけど、腹の底にどっしりした安心感があったといいます。

これが「あけわたし」です！

「宇宙のシナリオ」にうまく乗れていると、結果に対する執着が消えるのです。意識レベルではあたふたしていても、無意識レベルではシナリオが読めているからです。

「あけわたし」ができていると、どんな無謀なデシジョンをしても、思いもかけぬ、奇跡のような「共時性」が次々に起きて、ちゃんとサポートされます。F夫妻が来たこと自体が、そもそも「共時性」だったのですが、その後も三つの「共時性」に恵まれました。

ひとつ目の「共時性」は、F夫妻が計画していた淡路島における宿泊施設のプロジェクトが突然なくなったことです。事情は聴いておりませんが、何人かで準備していたのに、何らかの障害が出たのでしょう。F夫妻は2月以降も残り、アルバイトが正社員になりました。

ふたつ目の「共時性」は、F夫妻のママの方が、天才的なビーガン料理人であることがわかったことです。彼女は、レシピをあらかじめ決めることなく、野菜に「焼いてほしいの？」、「煮てほしいの？」と聞いて、野菜の想い通りに作るので、とてもおいしく

共時性
共時性
共時性
共時性２
Ｆ夫妻の妻が、
天才的なビーガン料理人だった
共時性３
高給取りの料理人が三人いなくなり、
肉も魚も仕入れなくなったので赤字は
最小限で済んだ
共時性１
宿泊施設のプロジェクトが
突然なくなった

なります。

リナリナは、ビーガン料理とは何かを知らなかったのですが、たまたまママにお願いして、スタッフのためのまかない料理を作ってもらったとき、ひと口食べて「あっ、これだっ！」と思ったそうです。「ココロとカラダを整えるリトリート」という歌い文句にぴったりの料理だったのです。

みっつ目の「共時性」は、2月から予約を全部キャンセルにしたので、売り上げは半分に下がってしまったのですが、高給取りの料理人が三人いなくなり、肉も魚も仕入れなくなったので、赤字幅はさほど大きくなく、じきに黒字に持ち直しました。これは、リナリナがそう計算していたわけではなく、まったくの偶然です。

なお、馘になった料理人ですが、シェフは独立して自分のお店を持ち、残りの二人も素晴らしいところに就職でき、全員がハッピーエンドになりました。

リナリナの場合には、天敵とまではいかないまでも、トラブルの源に見えた料理人に対する瞑想を続けていたら、結果的に料理人はいなくなったのですが、これは彼女が旅館をやめることによって、実質的には馘を宣言したので、瞑想による魔法で消えたとはいえません（次章でお話しする天敵が消える「魔法の瞑想法」と混同されないようにお願いします）。

彼女が料理人と相対したとき、頭で考えたことではなく、腹から自然に沸いてきた言葉を発した、と述べました。

「旅館を続けたくない」という想いや、腹から出てきた言葉は「自らのはからい」ではないのか、という疑問を持たれた方もいらっしゃるかもしれません。じつは、そうではないのです。

「自らのはからい」に関して、もう少し詳しくお話ししましょう。これは、いいかえる

崖から飛び降りたのに
落ちずにフワフワと飛べた！

と「この世の思考」ともいえます（2章、3章）。脳科学的にいえば、論理や理性をつかさどる「大脳新皮質」の営みです。論理や理性は、常に結果を求めます。口絵のモンスター図でいえば、意識層の営みです。

「自らのはからい」を脱すると、結果に執着しなくなる！

次の当てもないのに、いきなり料理人を馘にして、翌月からリトリートとして再スタートする、というのは誰が見ても無謀ですね。ちょっとでも経営をかじった人なら絶対に薦めないと思います。

もし「宇宙のシナリオ」に乗って奇跡的な「共時性」が次々に起きなければ、確実につぶれたでしょう。つぶれるか、つぶれないか、結果に執着していないから、いきなり崖から飛び降りることができたのです。

無謀に飛び降りたのですが、「共時性」が起きて、下には落ちずにふわふわと飛んで行った、という感じですね。

「私は旅館をやりたくない」という想いも、腹から出てきた言葉も、意識層から出てきたのではなく、あきらかに聖なる層から出ています。つまり、リナリナは、その時点で大脳新皮質の思考を超えて、「自らのはからい」を脱して、「あの世の営み」に入っているのです。

「あけわたし」というのは「あの世の営み」

蛹が蝶になるプロセスは「神のシナリオ」といいましたが、いわば「あの世の営み」であり、「爬虫類脳」などと呼ばれる、古い脳が担当しており、口絵のモンスター図でいえば聖なる層の営みです。

瞑想法は「大脳新皮質」の活動を抑制し、古い脳を活性化させますので、「あの世の営み」

につながりやすくなります。

2022年7月16～18日、藤田一照師をお迎えして合宿
（前列右から4番目が天外、となりが一照師、左から2番目がリナリナ）

リナリナが、心の底からの願望が明らかになり、それが「宇宙のシナリオ」と一致していたがため、あらゆることがトントン拍子にうまくいった、というのは一種の瞑想による魔法ともいえます（次章）。

「旅館ふかざわ」は、「ご縁の杜・湯河原リトリート」と名前を変え、いまでは多くの有名人が競って合宿リトリートを実施する有名な宿になりました。天外も、年三回は合宿を企画しております。

2018年には、第4回ホワイト企業大賞特別賞「明け渡し経営賞」を受賞されています。

8　内部世界を整えるだけで外部世界も驚くほど変容する「魔法の瞑想法」

リナリナの変容は、前章で述べたように「天敵瞑想」に支えられました。天外塾では、いろいろな瞑想を実施いたしますが、いずれも自らの内部世界を整えるだけで、外部世界には一切アプローチしません。にもかかわらず、不思議に問題が解決していきます（天外『問題解決のための瞑想法』マキノ出版、２０１２年〔11〕）。

時には本人の心境が変わって、問題と思っていたことが気にならなくなるという解決もありますが、外部世界で起きることが変わってくる、ということも頻繁に起きています。内部世界を整えるだけで外部の世界に変化が起きる、ということは、いまの科学では一切説明できません。

「他力」で「南無阿弥陀仏」というマントラを称える、というのもサイコセラピーの視点から見ると瞑想法です。この瞑想法に強烈な信仰心が加わることにより、妙好人という特異な存在を生み出した、というのが前章でご紹介した「他力」の妙味です。

「宇宙の流れに乗る生き方」というのは、ほとんど妙好人と同じレベルに達するという意味ですが、前章で述べたように、それを強烈な信仰心という支援がなくても達成できるようにしようという、とてつもなく難しいテーマに本書は挑戦しております。

そのためには、前章で述べた「あけわたし」が達成できればいいのですが、それを阻んでいるのが「自らのはからい」であることは、すでにお話ししましたね。

強烈な信仰心に頼らず、瞑想法だけで「自らのはからい」から脱する……そのためには相当に研ぎ澄まされた瞑想法が必要になります。

幸いにも、天外塾での18年間は、多くの塾生の協力を得て、瞑想法を切磋琢磨・工夫してきた年月だったといってもいいと思います。

本書では、そのエッセンスをわかりやすくお伝えしていきたいと思います。

アイリーン・キャディ

まず、天外塾で、どうして瞑想ワークを導入するようになったか、というエピソードからご披露しましょう。

話ははるかにさかのぼります。１９９７年、私は17名の日本人と共にスコットランドのフィンドホーンというスピリチュアル・コミュニティを訪れました。

まだ、創立者のアイリーン・キャディ（１９１７～２００６）が存命中であり、彼女が神からのメッセージを受け取ってフィンドホーンを造っていった奇跡の物語や、不毛の砂地にもかかわらず、妖精からのアドバイスを得て巨大な野菜が採れるようになったなどのお伽噺的なエピソードで人気を呼んでおりました。

当時は多くの若者が癒しを求めてきておりましたが、私と同行した17名もそれぞれに深い問題を抱えており、「ここに来れば何とかなる」と、藁にでもすがる気持ちが強いようでした。

フィンドホーンには、マリオン・リー（1951〜2019）というスピリチュアル・カウンセラーがおり、全員がそのカウンセリングを受けました。英語がわからない人がいたので、私が6名ほどの通訳を引き受けました。

マリオン・リー

一人ひとりの問題は様々ですが、彼女が丁寧に成育歴を聞いていくと、必ず問題の根元に親子の葛藤があり、それに気づいたクライアントが大泣きする、というパターンが繰り返されました。

そのセッションだけでは解決できないクライアントに対して、彼女は家に帰ってから実行する瞑想ワークを指導しておりました。目の前に椅子を二つ置いて瞑想に入り、そこに両親が座っている様子をイメージし、仮想的な対話をする、というものです。

幼児期の記憶を手繰り寄せ、両親から受けた仕打ちの中で、とても悲しかったこと、苦しかったこと、つらかったことを語りかけ、ひとしきり終わったら、嘘でもいいから「もう、いまは許していているよ」といってごらんなさい、それから耳を澄ませると両親が何かをいうのが聞こえるかもしれません、という感じです。

翌年3月に彼女が来日し、詳しく話を聞くと、これはゲシュタルト・セラピーという正統的なサイコセラピーの手法のひとつ「エンプティ・チェア（空の椅子）」をベースに、彼女が独自に工夫したそうです。

それから数年たった2005年、第1回天外塾で年配の経営者の悩みを聞いておりました。会社の中の様々なトラブルに加えて、事業承継するために入社させた息子さんとの関係が最悪でした。

私はふと、あなたが先代のお父さんから事業承継したときはどうだったのですか、と聞きました。その経営者は表情が変わり、父親は15年前に亡くなっているけれど、いま思い出しても体が震えるほど憎い、といいました。

私は、すべてのトラブルの源に親との葛藤がある、といっていたマリオン・リーの言葉を思い出し、「エンプティ・チェア」を実行してもらうことにしました。ただし、「椅子なんかねえ」というので座布団でやってもらいました。世界初の「エンプティ・ザブトン」（笑）！

以下は、一か月後の天外塾での対話です（天外『問題解決のための瞑想法』より）。

「毎日できましたか？」

「お約束したので、毎朝毎晩、一日も欠かさずにしっかり瞑想しました」

「何か変わりました？」

「意地になってやりましたけど……ただ淡々と瞑想しただけで……特に何かが変わったということはなかったです」

「わかりました。ではいまそこで、立ったままでけっこうですから、軽く目を閉じてください」

「はい」

「大きく三回深呼吸をして……そう……ゆったりとして……心が静まってきたら、お父

世界初の「エンプティ・ザブトン」

さんのことをイメージしてください。できれば若いころのお父さんを……」

「はい……ああ……あれ？　……不思議だな……」

「どうなさいました？」

「いやいやいや……びっくりした。まったく憎しみが消えていますね」

「はい、おめでとうございます。瞑想は大成功だったわけです。どうぞお座りください（大拍手）」

このように、瞑想法による意識の変容は、本人が気づかぬことが多いのです。ワークしっぱなしではなく、気付きまでフォローした方がいいでしょう。

この経営者の場合には、その後数か月で社内の問題も、息子さんとの問題も全部解決しました。これには、正直言って私が驚きました。

普通は、関係性を改善しようとしたら、その人に直接アプローチします。それが、直接的には一切働きかけず、15年前に亡くなっている父親を対象に瞑想しただけで、息子さんとの関係性が劇的に改善されたからです。

このことから、たとえ父親が亡くなっていても、父親のモンスターは無意識レベルに生きており、いまの生活に様々な影響を与えていることがわかりました。

巻頭の口絵は、この経験から生み出されており、さらには「シャドーのモンスター」という表現につながっております。

この体験が、いま実行している多くの瞑想ワーク、すべての原点ですが、じつはこの成功はビギナーズラックだったことが後からわかりました。

この経営者は、毎日仏壇の前で座禅を実行している瞑想のベテランで、しかも断食の方法論と宿便の関係を専門的に調べている人でした。

天外塾が始まってすぐに宿便を写したアルバム三冊分のコピーが来ました。開けても開けても「うんち」の写真（笑）。すぐに捨てましたが、これは大失敗！　この直後から私は断食の指導者になったからです。あの宿便の写真があれば、絶好の教材になったはずです。もう一度送ってくれ、とはどうしてもいえませんでした（笑）。

そういう方だったので、「エンプティ・ザブトン」が奇跡的にうまくいったのです。

その後、工夫を重ね、瞑想のベテランでなくても効果が出るように瞑想法を改良してまいりました。「親殺しの瞑想」、「情動の瞑想」、「感謝の瞑想」など、多くの瞑想法を開発しましたが（天外『問題解決のための瞑想法』マキノ出版、２０１２年［11］）、その後「情動の瞑想」と「感謝の瞑想」は統一し、「天敵瞑想」と呼ぶことにしました。この二つの瞑想は似通っており、「天敵」という対象があった方が結果を把握しやすいからです。

以下、リナリナの変容をサポートした「天敵瞑想」についてご説明しましょう。

あなたは、おそらく苦手な人が何人かいるでしょう。その極端な例を「天敵」と呼びます。ほとんどの場合、根っから意地悪で、性格が悪い、皆もそういっている、などと表現されます。

職場が変わっても、次々に天敵に遭遇する人がよくいらっしゃいますね。ものすごく嫌味な上司の下で長年苦しんでいて、ようやく職場を移れたら、今度は意地悪な同僚が

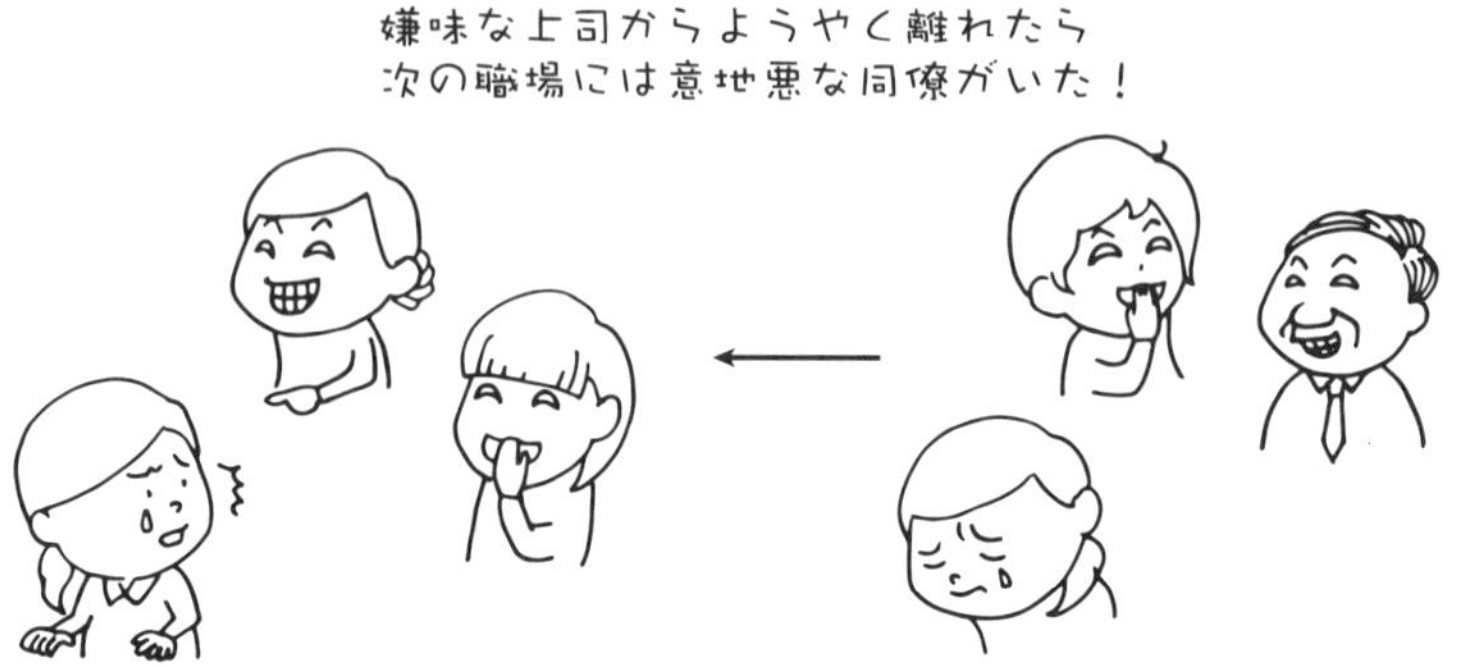
嫌味な上司からようやく離れたら
次の職場には意地悪な同僚がいた！

いた、などの例です。

じつは、絶対的に悪い人、というのは世の中にはおらず、本人が「シャドーのモンスター」を投影するので、天敵ができてしまうのです（2章）。本人は「なんて運が悪い」と思っているでしょうが、誰も自分自身からは逃れられないので、どこに行っても天敵が現れる、というのは当たり前なんですね。

でも、このことはいくら説得してもわかってはいただけません。本人は、絶対的に相手が悪い人間だ、という強固な信念を持っています。自分だけでなく、誰から見ても悪い人に見えるはずだ、と固く信じているのですね。

ところが「天敵瞑想」（この後ご説明します）を毎朝毎晩一か月もやると、かなりの確率で解決します。70％くらいは、天敵がいい人に変わり、30％くらいはいなくなります。解決すると、ようやく本人は天敵を自分で作っていた、という事実に同意します。

私は以前、天敵がいなくなる方が劇的だと思っておりました。その人には一切アプローチをせず内的世界のみを整えているだけにもかかわらず、思った通りに天敵がいなくなるというのは、まさに魔法の瞑想法です。

ところが、根本からの解決は、むしろ天敵がいい人に変わる方であり、いなくなるのは確かに魔法だけれど、意識の変容という意味ではまだ途上だということが、やがてわかりました。それは何故かというと、いなくなってもその人に対する怒りが残っているケースが多いからです。

怒りが残っているということは、「シャドーのモンスター」がまだ暴れている証拠であり、それをまた別の人に投影する可能性があります。

それがわかってからは、天敵がいなくなってからも、「天敵瞑想」を継続していただいております。そうすると、比較的短期間に怒りが収まり、離れていった天敵がいい人に見えるような出来事に見舞われます。やはり、この瞑想法は強力です。

「天敵瞑想」の内容をご紹介しましょう。天外『「人類の目覚め」へのガイドブック』（内外出版社、２０２０年〔12〕）から、若干改訂しております。

天敵瞑想

①いままで、自分の前に現れた天敵たち、あるいは自分を裏切っていった人たちのリストを作る。

②マントラを称えて軽い瞑想に入る。

マントラは「南無阿弥陀仏」、「南無妙法蓮華経」、「アーメン」、「ハレルヤ」、「ギャアテイ・ギャアテイ・ハラギャアテイ・ハラソウギャテイ・ボウジソワカ（般若心経のマントラ）」、「カンナガラタマチハエマセ（神道のマントラ）」、「オム・マニ・ペメ・フーム（チベット密教のマントラ）」など何でもいいですが、特にこだわりがなければ稲盛和夫推薦の次のマントラがお薦めです。

「ナンマン・ナンマン・アリガトウ（稲盛和夫が小学生のころ授かった隠れ念仏のマントラ）」

このマントラだと72回くらい称えると軽い瞑想状態に入れます。「アーメン」のような短いマントラの場合には、１０８回以上称えます。マントラは声を出す必要はなく、心の中で称えます。

③上記①のリストにある人の一人を選び、顔を思い浮かべ、その人が自分に対してしてくれたひどい仕打ち、傷ついた言葉を一つ一つ丹念に思い浮かべます。それを受けたときの自分の嫌な情動をもう一度しっかりと感じます。最後に、「あなたのひどい仕打ちのお陰で、私は強くなれそうです。どうも有難う」などと、無理やり「心にもない感謝の言葉」にして終わります。祈りは声に出さず、心の中で称えます。一回の瞑想では、リストにあげた人のうちひとりだけをやりましょう。だいたい瞑想時間は20分くらいをめどにします。

④最後にまた②と同じマントラを称えます。これは、嫌な情動を断ち切るためです。
この瞑想を毎朝毎晩、一日二回行い、約一か月続けると何らかの効果が実感できると思います。

9　ホ・オポノポノの世界観（ハワイ先住民の叡智）

本書は、宇宙は「この世」と「あの世」が表裏一体となっている、という世界観から出発しております。「あの世」には「宇宙のシナリオ」が畳み込まれており、その通りに行動すれば何事もスムースに行くが、それから外れるとえらい目に会う、とお話ししてきました。

ちょっと動いて結果を観察することで「宇宙のシナリオ」が読め、「自らのはからい」を脱して「あけわたし」の心境になれれば、「宇宙の流れに乗る生き方」ができます。そのための方法論のひとつとして、「天敵瞑想」を8章でご紹介しました。

一方、浄土宗・浄土真宗の「他力の教え」では、阿弥陀如来がすべての人を救ってくれる、という世界観のもとに、「南無阿弥陀仏」と称えることにより「自らのはからい」を脱して「あけわたし」の心境になる、という方法論を提示しています。熱心に実行すれば「妙好人」になれます。

本書と世界観は違いますが、行きつくところは同じです。

本章では、一転してハワイ先住民の世界観と「ホ・オポノポノ」という方法論についてお話ししましょう。日本では、かなり多くの人が実行していますが、方法論としては「他力の教え」に近く、その世界観は本書との共通部分があります。

イハレアカラ・ヒューレン博士

「ホ・オポノポノ」というのは、元々はハワイ先住民のグループワークの手法でした。それを、イハレアカラ・ヒューレン博士（1939〜2022）が、モーナと呼ばれる先住民の女性と一緒に、個人の気づきと解放のための手法としてアレンジし、「Self Identity Through Ho' oponopono（ホ・オポノポノを通じて本来の自分に出会う）」と名付けました。

背後には、先住民特有の深い世界観があるのですが、表面的には「ありがとう」、「あいしているよ」、「ごめんね」、「ゆるしてね」と四つの言葉を称えればいい、という極めて単純な手法です（そのほかの方法論もあります）。

この単純さは、ひたすら「南無阿弥陀仏」というマントラを称えればいい、という「他力の教え」の単純さにも通じます。ワークは単純なほど普及しやすいと思います。

以下、「ホ・オポノポノ」のベースになっている、ハワイ先住民の世界観について解説します。

基本的には、「ウニヒピリ」と呼ばれる潜在意識に、宇宙開闢以来のすべての「記憶」が記録されており、この世で起きる出来事はすべてその「記憶」の再生にすぎない、というフィロソフィーが骨子になっています。その「記憶」をクリーニングすることにより、出来事が変わってくるといわれています（I・ヒューレン、KR『ウニヒピリ』サンマーク出版、２０１０年［13］）。

たとえば、誰かが癌になって苦しんでいる、と聞いたとします。癌になったのは第三者だし、それをあなたに話しているのは目の前の相手です。でも聞いているのはあなた自身ですね。その自分が「聞いている」という経験が、「ウニヒピリ」のどういう「記憶」の再生か、ということに着目して、その「記憶」をクリーニングすることによって、結果的に第三者の癌がなくなる、というのです。

決してあの人の癌がなくなりますように、と祈るのではありません。

ちょっとわかり難いですかね？　私も、ヒューレン博士の話を最初に直接聞いたときには、何が何だかまったくわかりませんでした。いまでも、とても多くの人が原理的にはよくわからぬまま、「ありがとう」、「あいしているよ」、「ごめんね」、「ゆるしてね」と唱え続けていると思います。原理がわからなくても結果が出るので、結構普及したのでしょう。

もう少し詳しくお話ししましょう。

まず、「ウニヒピリ」ですが、これは巻頭口絵の「真我」とほとんど重なる概念です。

すでにご説明したように（2章）、「梵我一如」つまり「真我」は全宇宙と一体の「あの世」の存在なので、時間も空間も超越しています。ということは、宇宙開闢以来のすべての記憶が蓄積されている、といっても不思議ではありません。ただ、過去も現在も未来もぐちゃぐちゃになって一体化している「時間が畳み込まれた」記録なので、読むのは簡単ではないでしょう。

次に、「ホ・オポノポノ」でいう「記憶」ですが、これは私たちが日常的に使っている記憶という言葉とは、かなり外れた概念のようで、次のような記述もあり、理解に苦しみます。

「ウニヒピリは、あなたに消去してもらえるよう、必死に過去の記憶を再生しつづけます。それをあなたが消去しない限り、この先に起きることはすべて過去の記憶の再生になります（［13］Ｐ122）」

つまり、いま現実に起きていることとは、過去の記憶の再生にすぎず、ウニヒピリはそれをあなたに消してほしいから再生（現実化）している、と読めます。

「現実に起きている出来事＝過去の記憶の再生」というのは一般常識をはるかに超えています。「記憶」というのが、単なる過去の出来事のメモリーというよりは「シナリオ」に近い概念のようです。

ただ、「ウニヒピリ＝真我」が「あの世」の存在だとしたら、時間が畳み込まれており、宇宙開闢以来の出来事から、はるか先の未来のことまで全部含まれている、ということになります。

それを、あっさり「記憶」と呼んでしまえば、「記憶の再生＝現実に起きる出来事」、「記憶＝シナリオ」といってしまってもおかしくはありません。

そのうち本書では、ポジティブな「宇宙のシナリオ」に着目して、それにうまく乗っているときにはとんとん拍子にうまくいくが、外れると不本意な現実が押し寄せてくる、と説いています。

一方「ホ・オポノポノ」では、ネガティブなシナリオ（記憶）に着目して、それを消去（クリーニング）することにより、不本意な現実が起きなくなる、と説いているのです。

本書では、自由意思で「宇宙のシナリオ」から外れることができる、としておりますが、「ホ・オポノポノ」では、消去しない限り記憶（シナリオ）通りに現実が起きる、と説いています。

これは、着眼点がポジティブなシナリオか、ネガティブなシナリオかの違いだけで、本質的には同じ世界観だと思います。シナリオから外れると考えるのか、シナリオを消去すると考えるのかは、解釈の違いだけで、本質は変わりません。

「ホ・オポノポノ」のクリーニングの方法論として（他にもありますが）「ありがとう」、「あいしてるよ」、「ごめんね」、「ゆるしてね」という言葉をマントラのように称え続けなさい、と説いています。これは「南無阿弥陀仏」というマントラを、ともかく称え続けなさい、という他力の教えと重なりますね。

「ホ・オポノポノ」では、あなたの耳に入る世界中のすべての出来事があなたのウニヒピリの記憶（シナリオ）の再生であり、ウクライナ戦争も記憶をクリーニングすればなくなるはずだ、と説いています。

本書では、ウクライナ戦争がなくなるための方法論は提示しておりませんが、世界観としては、ロシアによる武力侵攻が、はたして「宇宙のシナリオ」にサポートされているかどうか、という視点でとらえます（むすび参照、本書では扱いません）。

ホ・オポノポノの世界観（ハワイ先住民の叡智）

①世界で起きるあらゆる出来事は、ウニヒピリに蓄積されていた「記憶」の再生で起きる。

②宇宙開闢以来のすべての「記憶」を私たちは共有している。

③あなたが見聞きするすべての現象は、あなたのウニヒピリの「記憶」の再生で起きる。

④その現象の原因となる「記憶」をウニヒピリに見つけてもらい、クリーニングすればいかなる問題も根本から解決する。

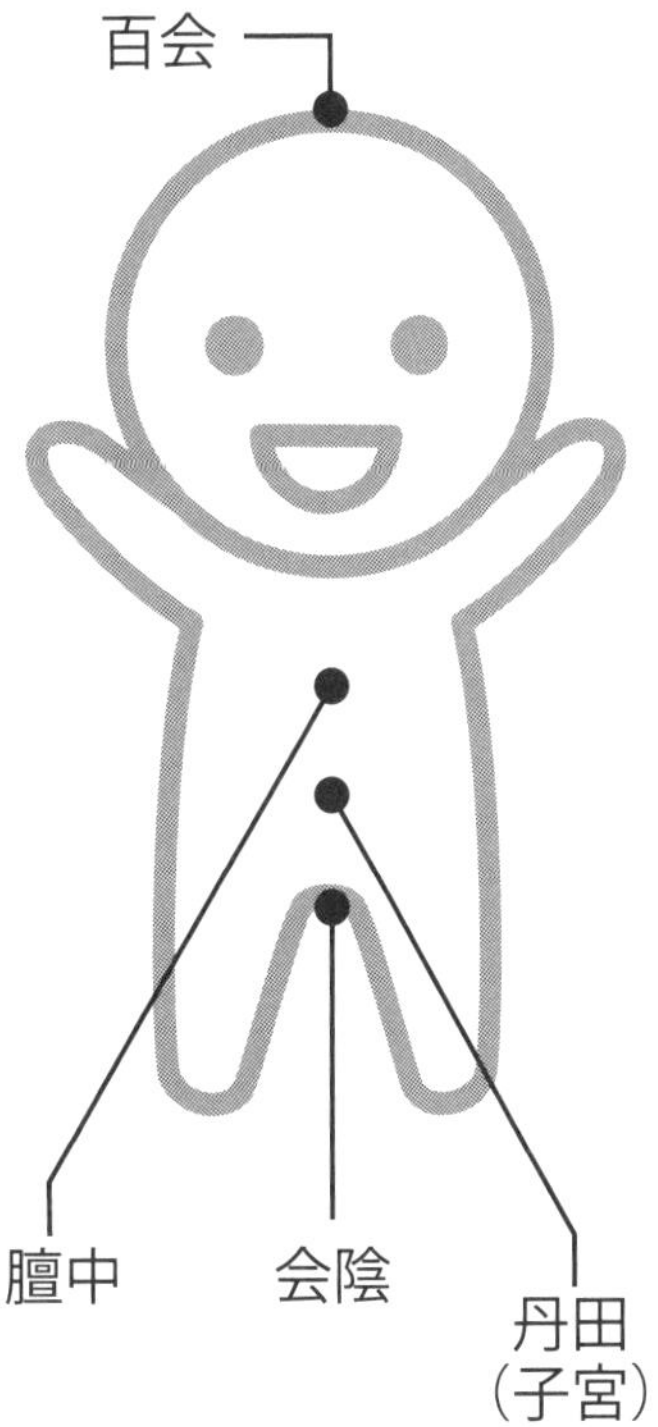

ホ・オポノポノ瞑想

私は、「ホ・オポノポノ」の四つの言葉をマントラ的にとらえて、さらにメロディーをつけ、チャクラを意識しながら称えるという方法を開発しました。そして、比較的軽い「天敵瞑想」として、導入しました。

ヒューレン博士は、精神異常犯罪者が収容されている病院のスタッフとして、患者とはひとりも会うことなく、この方法で全員を癒して退院させた、というエピソードが伝わっております［13］。ということは、この方法が、かなり応用範囲が広いことを意味しています。

私自身は天敵相手の瞑想法としか、実地にテストしていないので、それ以外の応用に関してはコメントできませんが、簡単な割に効果が高いことが実証されました。

2021年から実地に導入しましたので、実績は多くはないのですが、天敵がいなくなった例が20件以上出ています。天敵がいい人に変わったケースは、いまのところ2件しか出ていません。

また、本当に深刻な天敵に対しては、やはり歯が立たず、「天敵瞑想」が必要になるようです。

「ちょっといやだな」程度の人には、方法論が簡単で、「天敵瞑想」に比べると実行するのに負担が少ないので、とても喜ばれます。

ただ、思わぬ効果が出て、相手が簡単にいなくなるので注意が必要です。ひとりの塾生は、社内で気に入らない社員相手に実行していたら、11人が辞めていった、という結果になりました。

本人は「人数は減ったけど、社内の雰囲気はかえって良くなった」と喜んでおりましたが、その人たちを採用したのは本人だし、その反省もなしに相手を悪者にしていることから、まだ「シャドーのモンスター」は暴れていると思います。


ヒューレン博士は、ともかくクリーニングを続けろ、といっておられますが、本人はこれで決着がついたと思っており、やめていった相手に対して実行してくれません。

まだまだ、方法論、指導法共に、私自身の研鑽を積まなければいけないと痛感しておりますが、簡単な方法で効果が高いことから、皆さんのお役に立つと思いますのでご紹介します。

天外流「ホ・オポノポノ」瞑想

①天敵、もしくはいやだなと思う人をリストアップする。
②いま、実行する相手を選び、顔を思い浮かべる。また、毎回その人の名前を呼ぶ。
③百会（頭頂）を意識して「ありがとう」と歌う。
④膻中《だんちゅう》（胸の中央）を意識して「あいしてるよ」と歌う。
⑤丹田を意識して「ごめんね」と歌う。
⑥会陰（生殖器と肛門の間）を意識して「ゆるしてね」と歌う。
⑦以下、同じことを繰り返す。リズミカルに。膝や机をたたくとさらに良い。
⑧声は出しても出さなくても、どちらでもよい。
⑨36回が1サイクル。1～2サイクルがお薦め。
⑩合掌してしばらく静かに呼吸。マントラが身体にしみこむイメージ。

むすび

2023年4～6月、私は53名の人を集めて「コミュニティを深堀りするフォーラム」を主催しました。第1講は総論でしたが、第2～6講は、それぞれの五つのコミュニティを皆で訪問し、現場を見学しながら深いダイアログが展開されました。

特筆すべきことは、コミュニティを主宰するような人は全員「宇宙のシナリオ」が読めているということがわかったことです。

「どうしてこの場所を選んだのですか？」と聞くと、「たまたまです」とか、「すごい幸運に恵まれて」とかいう答えが返ってきます。つまり、あれこれ考えて論理的に詰めて決めているのではなく、「自らのはからい」を排して「共時性」にゆだねているのです。

これは、あまたのコミュニティの中でも特にユニークなオペレーションをしている五つを選んだので、おそらくそうなったのでしょう。

一般のプロジェクトでも同じで、私が担当したCDやAIBOなどのようなユニークな技術開発では、「宇宙のシナリオ」から外れたらうまくいきません。

逆に、ごく普通のコミュニティや、ある程度先が見えるプロジェクトなら「宇宙のシナリオ」などは必要なく、「自らのはからい」である、頭で考えた「エゴのシナリオ」でも十分うまくいきます。いまの社会は、ほとんど「自らのはからい」で回っている、といってもいいでしょう。

「自らのはからい」でも「でっかい蛹」にはなれるし、社会の中で地位を得て、のし上がっていくことはできます。いままでの社会では、そういう歯を食いしばって頑張る「戦士の人生」が理想とされており、ほとんどの人がその道を歩んできました。「自らのはからい」は、多くの苦難をもたらすのですが、それを乗り越えて目標を達成することが「美談」として語られてきました。

でも、詳しく観察すれば、そういう「戦士の人生」の中でも、ところどころには「宇宙のシナリオ」に沿ってとんとん拍子にうまくいくシーンもあったでしょう。

逆に、「宇宙のシナリオ」に沿って走っているときには思いもかけぬ幸運に恵まれ、「共時性」だらけになり、苦難は訪れません。「苦難を乗り越えて……」という美談は、本来は必要がないのです。それが「宇宙の流れに乗る人生」です。でもその中でも、ときどきは「宇宙のシナリオ」から外れてしまい、苦難に出会うこともあるでしょう。

あらゆる人のあらゆる人生は、「自らのはからい」と「宇宙のシナリオ」の間で揺れ動いています。

この本を手に取ったあなたは、おそらく「戦士の人生」にちょっと疲れておられるのではないでしょうか。本書では、「自らのはからい」を少しずつ脱して、「宇宙のシナリオ」に近づくことをお薦めしています。

そうすると、歯を食いしばって頑張る「戦士の人生」から、ワクワクする「宇宙の流れに乗る人生」へと徐々に変わっていき、やがて、蛹だった自分が蝶に変容して、ひらひらと飛べる日が来るでしょう。そんなあなたは、とてもユニークなプロジェクトを推進するようになるかもしれません。

本書で、当初予定していたけれど、記述を省いた内容があります。それは、天外がインディアンの長老のひとりとして、ウクライナの戦乱が始まった2022年4月に「祈り」の代わりに書いた『正義と悪という幻想』（内外出版社、2022年［14］）という本についてです。これは「長老からのメッセージ」ですので、もろに怪しい本です（笑）。

この本では、本書と同じく「宇宙のシナリオ（流れ）」について述べていますが、はたしてロシアによる「武力行使」が「宇宙の流れ」にサポートされるかどうか、という一点に絞って探求しております。つまり、とても大きなスケールの「宇宙のシナリオ」を読み解こうとしている本です。本書の姉妹編として手に取っていただけると幸いです。

これに関しては、ウクライナの情勢がもう少しはっきりしてから、総集編として書きましょう。

皆様が蝶になって飛べる日が、一日でも早く来ますようにお祈り申し上げます。

文献

［1］天外『祈りの法則』（ナチュラルスピリット、２０２１年）
［2］天外『ここまで来た「あの世」の科学』（祥伝社、１９９４年）
［3］天外『宇宙の根っこにつながる生き方』（サンマーク出版、１９９７年）
［4］天外『運命の法則』（飛鳥新社、２００４年）
［5］C・G・ユング『ユング自伝』（みすず書房、１９７２年、原著は１９６１年）
［6］天外『無分別智医療の時代へ』（内外出版社、２０１７年）
［7］鈴木大拙『妙好人』（法蔵館、１９７６年、原著は１９４８年）
［8］天外『自己否定感』（内外出版社、２０２１年）
［9］天外『融和力』（内外出版社、２０２２年）
［10］天外『実存的変容』（内外出版社、２０１９年）
［11］天外『問題解決のための瞑想法』（マキノ出版、２０１２年）
［12］天外『「人類の目覚め」へのガイドブック』（内外出版社、２０２０年）
［13］I・ヒューレン、KR『ウニヒピリ』（サンマーク出版、２０１０年）

〔14〕天外『正義と悪という幻想』（内外出版社、２０２２年）

運命《うんめい》のシナリオ

宇宙《うちゅう》の流《なが》れに乗《の》れば奇跡《きせき》が連続《れんぞく》する

天外《てんげ》　伺朗《しろう》

明窓出版

令和五年　九月十五日　初刷発行

発行者――麻生 真澄
発行所――明窓出版株式会社
〒一六四―〇〇一二
東京都中野区本町六―二七―一三
振替　〇〇一六〇―一―一九二七六六

印刷所――中央精版印刷株式会社

ISBN978-4-89634-464-6

天外伺朗　プロフィール

工学博士（東北大学）、名誉博士（エジンバラ大学）。

1964年、東京工業大学電子工学科卒業後、42年間ソニーに勤務。上席常務を経て、ソニー・インテリジェンス・ダイナミクス 研究所（株）所長兼社長などを歴任。

現在、「ホロトロピック・ネットワーク」を主宰、医療改革や教育改革に携わり、瞑想や断食を指導。

また「天外塾」という企業経営者のためのセミナーを開いている。

さらに2014年より「社員の幸せ、働きがい、社会貢献を大切にする企業」を発掘し、表彰するための「ホワイト企業大賞」も主宰している。

著書に、『「ティール時代」の子育ての秘密』、『「人類の目覚め」へのガイドブック』、『実存的変容』、『ザ・メンタルモデル』（由佐美加子・共著）、『自然経営』（武井浩三・共著）、『幸福学×経営学』（小森谷浩志・前野隆司・共著）、『人間性尊重型 大家族主義経営』（西泰宏・共著）、『無分別智医療の時代へ』、『「自己否定感」怖れと不安からの解放』『「融和力」混沌のなかでしっかり坐る 』（いずれも内外出版社）『大きな森のおばあちゃん』、『花子！　アフリカに帰っておいで』（いずれも明窓出版）など多数。

2021年の夏、これからの生き方や在り方、暮らし方をみんなで学ぶオンラインサロン「salon de TENGE」をスタートした。

大きな森のおばあちゃん

天外伺朗　著／柴崎るり子　絵

本体価格 1,000 円＋税

「すべての命は、一つにとけ合っているんだよ」

あなたは年老いて死ぬのが怖いですか？

この物語に出てくる大きな森に住む象たちのように生きられたら、この象たちのように死んでいけたら、ちっとも恐れることはないのだと涙が頬を伝う話です。

干ばつに遭った象たちも、息絶える時にお腹いっぱいであれば、次の世代には大きな森になることができるのです。そしてその森が、次の世代の生きる糧となるのです。

私たちはみな、大きな宇宙のサイクルの一つ。生命の神秘や輪廻の不思議が、象の一生を通じて語られています。

レビュー作者 安井直美

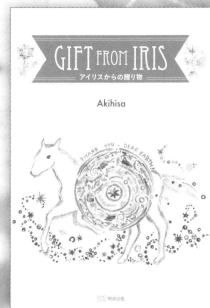

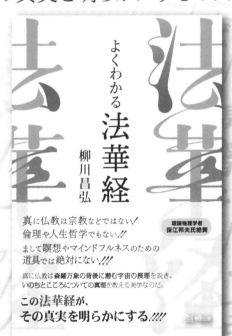

医師学会において「祈りの研究」が進み、古来より人間が続けてきた祈りが科学として認められつつあります。

なぜ様々な病状は祈りで軽減され、
治癒に向かうのか？

病気の不安から解放されるばかりか、
人生の目的に迫ることが可能です。

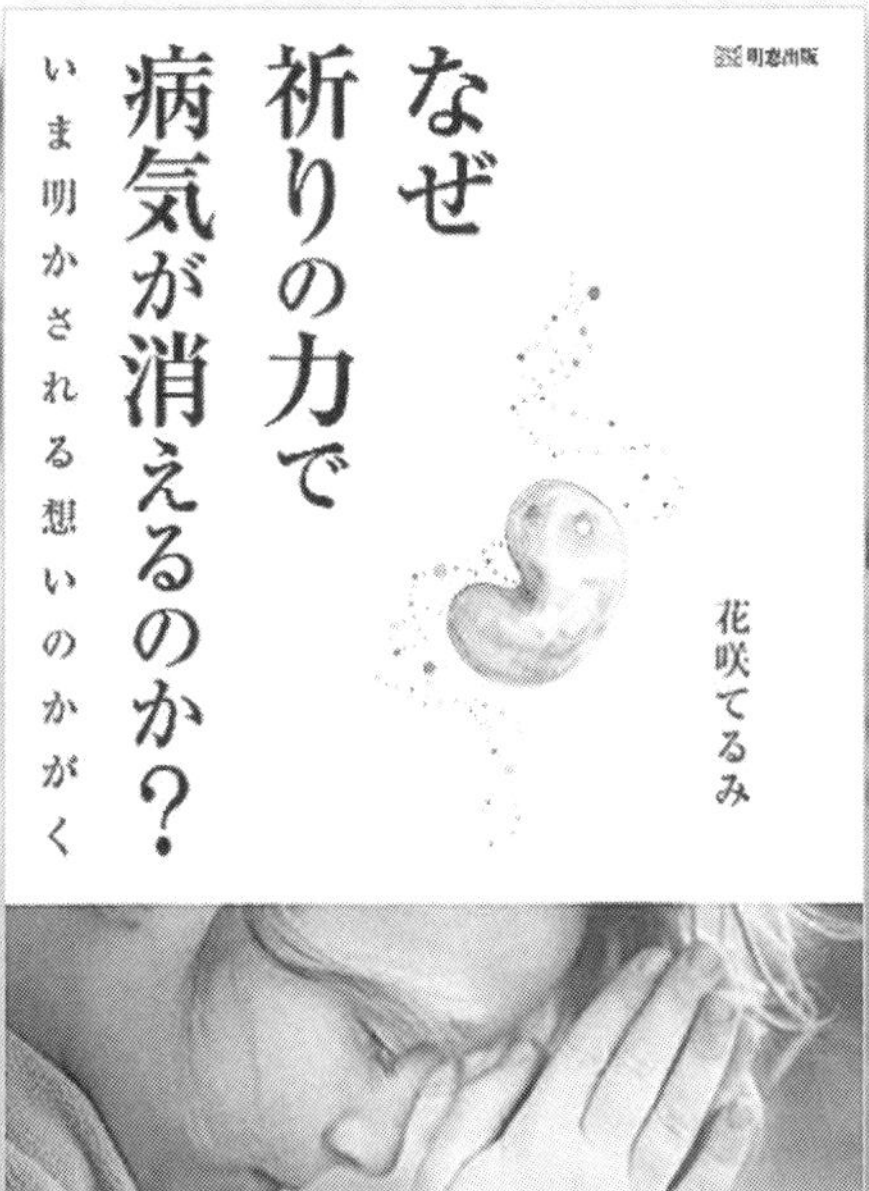

なぜ祈りの力で病気が消えるのか?
いま明かされる想いのかがく
花咲てるみ
本体価格 1,350 円＋税